Der Brocken

Abhandlungen über Geschichte und Natur des Berges

Christian-Ernst
Fürst zu Stolberg-Wernigerode

Der Brocken

Abhandlungen über Geschichte und Natur des Berges

Mit 16 Nachbildungen alter Brockenbilder
und Buchschmuck von Professor A. Rettelbusch-Magdeburg

Zusammengestellt von Amtsgerichtsrat
W. Grosse-Wernigerode

Herausgegeben von Rudolph Schade-Brocken

Unveränderter Nachdruck der Ausgabe Braunschweig, 1926

© 2019

Herstellung und Verlag:
BoD – Books on Demand, Norderstedt

ISBN 9783749446049

Inhalt

Seite

Im Bann des Brocken. Von Amtsgerichtsrat Grosse-Wernigerode . 10

Brockengeheimnisse. Von Hermann Löns † 20
(Mit gütiger Erlaubnis des Verlages von Ad. Sponholtz, G. m. b. H.,
Hannover, abgedruckt aus: Herm. Löns, Mein Niedersächsisches Skiz=
zenbuch.)

Fürstenbesuche auf dem Brocken. Von Archivrat Dr. Herse-Werni=
gerode 30

Brockenwinter. Von Dr. Adalbert Defner-Innsbruck 42

Die Geschichte des Brockenhauses. Von Geheimrat Dr. Carl Micha=
elis †, Berlin 57
(Mit gütiger Erlaubnis der Silvestergemeinde abgedruckt aus der Brok=
kenpost 1909/10.)

Zur Geschichte der Wetterwarte auf dem Brocken. Von Geheimrat
Professor Dr. R. Süring-Potsdam 64

Im Brocken-Märchenwald. Von Amtsgerichtsrat Grosse-Wernige=
rode 70
(Mit gütiger Erlaubnis des Verlages Johann Friedrich Eilers, Mag=
deburg, abgedruckt aus der Monatsschrift „Der Harz", Augustheft 1923.)

Die Naturwelt des Brockens und ihr Schutz. Von Rektor Voigt=
Wernigerode 80

Speisekammerspuk. Von Günther Deneke-Wernigerode 88

Der Brockenberg. Reisebeschreibung des Halleschen Superintendenten
G. O. Olearius vom Jahre 1656 96
(Nach einer im Fürstlich Stolberg-Wernigerödischen Hauptarchiv in Wer=
nigerode verwahrten Handschrift gedruckt.)

Stimmen über den Brocken aus 5 Jahrhunderten. Aus alten und
neueren Büchern und Schriften zusammengestellt von Amtsgerichtsrat
Grosse-Wernigerode 99

16 Brockenbilder aus dem 17. bis 19. Jahrhundert.

Quis coelum posset nisi coeli munere nosse
Et reperire Deum nisi qui, pars ipse Deorum est.
d. 4. Sept. 1784.   Goethe

Goethes Eintragung ins Brockenstammbuch des Gasthauses auf der Heinrichs=
höhe (vgl. das Vollbild Nr. 8) am 4. September 1784. Später von Goethe
selbst übersetzt mit den Worten:

> „Wär nicht das Auge sonnenhaft,
> Wie könnt die Sonne es erblicken;
> Läg nicht in uns des Gottes Kraft,
> Wie könnt uns Göttliches entzücken!"

Dies älteste Brockenstammbuch befindet sich jetzt in der Sammlung des Herrn
Professor A. Kippenberg=Leipzig (Insel=Verlag), der die Faksimilewiedergabe
freundlich gestattete.

Wieder einmal hatte ich an schönem Sommertage nach frohem Aufstieg am Hang der Brockenkuppe gerastet und lange die Blicke hinschweifen lassen über die liebe vertraute heimatliche Bergwelt. Das Auge hatte sich erquickt an den Wundern der Ferne zu meinen Füßen, an den langsam ziehenden weißen Wolkenschiffen über meinem Haupte. In den zerzausten Brockenfichten und um die wuchtigen Blockhalden des Hexenkessels zog ein leises Raunen des Windes. Hier und da der zaghafte Ruf eines Waldvogels, schrille Schreie der jagenden Turmsegler über mir. Kräuter und Blumen von seltener Art und Schönheit freuten sich ihres späten und kurzen Sommers und grüßten, zwischen Klippen und Mooren verstreut, zu mir herüber. Und wie der Athem hier oben freier geht, so folgen auch die Gedanken gerne, losgelöst von der Schwere des Alltags, den anregenden Fragen, die die Eigenart dieses Berges und seine merkwürdige Geschichte ihnen darbietet.

Der Brocken: das ist nicht ein Bergname wie andere mehr, es haftet ihm etwas Besonderes, Einzigartiges, Ehrwürdiges, Erhabenes an. Mit dem Wort und Erlebnis „Brocken" verknüpft sich alsbald ein ganzer Kreis von Bildern, Gedanken, Stimmungen, wechselnd wie das Wetter auf dieser Höhe, mannigfaltig wie Ziel und Geistesart seiner zahllosen Besucher. Anders, aber immer eigenartig Bedeutungsvoll sieht ihn der Naturforscher und der Wanderer, der Maler und der Dichter, der Gläubige und der Denker, der Heimatkundige und der Vaterlandsfreund. Anders, aber immer als etwas Besonderes und Lockendes, sah ihn die Vergangenheit, sieht ihn die Gegenwart. Weit über die Harzheimat, ja über die deutschen Lande hinaus hat der Name des Brocken einen Ruf und Klang, wie er wenig Bergen eigen ist.

Diese Gedanken meiner stillen Rast wurden wieder laut und erwogen, als ich nachher am Abend im gastlichen Brockenhaus in kleinem Kreise mit alten Brockenfreunden bei fröhlichem Umtrunk zusammensaß. Da war es ein glücklicher Gedanke des Herrn Schade, des fürsorglichen Hausherrn, man solle doch einmal diese vielseitige Bedeutung und Eigenart des Berges und seiner näheren Umgebung in einer Reihe von Aufsätzen in einem Büchlein zusammenfassen; daran würden gewiß viele der zahllosen Besucher, die den Gipfel alljährlich ersteigen, ihre rechte Freude haben. Und so habe ich mich gern dieser reizvollen Aufgabe unterzogen, dies Buch vom Brocken zusammenzustellen. Ob es etwas Rechtes geworden ist, mögen seine Leser beurteilen.

Wie schon die Inhaltsübersicht zeigt, ist der Versuch gemacht, die Eigenart des Berges von möglichst verschiedenen Standpunkten aus zu beleuchten, wenn auch die völlige Erschöpfung und Abrundung des Themas bei der Fülle des Stoffes nicht wohl möglich war. Vielleicht dürfen wir für eine Neuauflage auf manche wertvolle Anregung aus dem Leserkreise rechnen. Das wäre uns der beste Dank und Beweis dafür, daß das Buch dem Berge und seinen Freunden eine willkommene Gabe ist.

Der Aufsatz „Stimmen über den Brocken aus 5 Jahrhunderten" findet eine Ergänzung in den beigefügten Bildern. Beide vereint sollen anschaulich machen, wie sehr verschieden der Brocken im Laufe der Zeiten auf das Auge unserer Vorfahren gewirkt und welche Eindrücke er in ihrem Gemüt und Verstande ausgelöst hat.

Der Liebe zu unserem Berge ist dies Buch entwachsen, und ich darf deshalb namens des alten Herrn, des Vater Brocken, Herrn Schade,

8

der die Herausgabe anregte und ermöglichte, Herrn Professor Rettel=
busch, der das Werk mit so reizvoll brockenechten Zeichnungen
schmückte, und allen Mitarbeitern, die freundlich Rat und Wort
zur Verfügung gestellt haben, herzlich danken.

Aus Liebe zum Berge und eifrigem Studium seiner Sonderart er=
wachsen möge das Brockenbuch Liebe und Verständnis für den Berg
in weiteste Kreise tragen!

„Wernigerode vorm Brocken“, Frühjahr 1926.

Walther Grosse.

Wasserzeichen einer Papierfabrik
mit dem Hasseröder=Wernigeröder Wappen
um 1535

Brockenblick vom Rennekenberge aus

Im Bann des Brocken

Von Amtsgerichtsrat Grosse-Wernigerode

Ein eigenartiger Zauber ist mit dem Namen des Brocken ver= knüpft. Altersgrau und ehrwürdig beherrscht er als höchste Kuppe des Harzes, ja Norddeutschlands, von einem Kranze schöner Bruderberge umgeben, die Heimatgaue rings um ihn her.

In fernsten erdgeschichtlichen Zeiten, als die Steinkohlenwälder grün= ten, hat sich das Granitmassiv des Steinharzes aus dem Erdinnern feuerflüssig emporgehoben. Langsam ist es erkaltet, Verwitterung und Abtragung haben die schirmende Gesteinsdecke abgehoben und dem grauen Granit den Blick ins Sonnenlicht freigegeben. Seitdem haben die Brockenberge kaum ihre Form verändert, während um sie her im weiteren Harze Täler entstanden, Berge vergingen. Vier= mal hat das Meer ihre Flanken umflutet; unter einer wärmeren Sonne haben Palmen ihre Hänge bekleidet. Die Gletschermassen der Eiszeiten hat das Brockenmassiv als Insel überragt und Mam= mut und Urrinder haben in seinem Umkreise geweidet.

Unermeßliche und wechselvolle Zeiträume hat so der Brocken erd= geschichtlich durchlebt, ehe des ersten Menschen Auge zu ihm auf= schaute. Um den Besitz der Einhornhöhle bei Scharzfeld hat der Steinzeitmensch mit dem Höhlenbär gekämpft, im Bruchbergmoore hat er auf der Jagd seinen Steinhammer verloren, den der Mensch des 19. Jahrhunderts wiederfand. Eine wie reiche Vaterlandsge= schichte liegt zwischen einst und jetzt, auf die der Brocken in stiller Ruhe herabgeschaut hat! Aber erst im ausgehenden Mittelalter hat er für das Geistes= und Gemütsleben seiner Umwohner Bedeutung gewonnen.

Von der fruchtbaren, reich besiedelten Ebene aus hat der Mensch Blick und Gedanken hinaufwandern lassen zu dem beherrschenden

11

Bergeshaupt, das ihm Sonnenschein und Regen, Gewitter und Sturm, Froft und Schnee verkündete. In Jahrhunderte langem Streben hat er dann die hohe Bergeswelt sich auch zu eigen gemacht, mit Straßen durchzogen, mit Diehhöfen überstreut, der Holznußung und dem Bergbau gewonnen. Die höchsten Höhen aber eroberte schließlich die Wanderluft, die Freude an der Seltsamkeit und Schönheit dieser wilden Bergesnatur.

Schön und lieblich sind des Unterharzes helle Buchen= und Eichen= wälder, reizvoll ist des Oberharzes Bergwelt, wo die Werke des Bergbaues, Hütten und Halden, Teiche und Gräben den dunklen Tannenwald beleben; wer aber unseres Harzes urwüchsigfte Schön= heit und wildeste Eigenart kennen lernen will, der suche sie im engen Herrschaftsbereich des alten Vater Brocken. Hier, wo das Urgestein des Granits herrscht und riesige Blöcke zu ragenden Klippen auf= türmt, wo die Fichte wetterzerzauft ihr brausendes Sturmlied singt oder im Banne des Rauhreifs in gleißender Schönheit leuchtet, wo die wilden Töchter des wolkenverhangenen Berghauptes, die Oder und Radau, die Ecker und Ilse, die Bode und Holtemme noch in jugendlichem Übermut von Fels zu Fels schäumend die engen Täler abwärts eilen, hier weht die Harzluft am würzigften, hier erschließt die Eigenart und Schönheit des vielbefuchten Gebirges sich dem Wan= derer am reinsten und einprägsamsten.

Hier oben im Brockenbann ist noch wilde urwüchsige Natur, ein Bild des Harzes, wie er einst war, ehe die menschliche Kultur ihn mit Siedlungen überstreute und mit ihrem Wegenetz gefangen nahm, ehe die Forstwirtschaft die reichen Waldbestände lichtete, ordnete und in ständiger Nußung ewig verjüngte. Die Hänge des Brocken selbst und seiner ragenden Bruderberge, der Hohne und des Renne= kenberges, des Königsberges und des Bruchberges, des Wurm= berges und des Achtermanns tragen noch echten, herrlichen Urwald,

12

den nie eines Holzhauers Axt berührt, den abseits einiger weniger Wanderwege nur selten eines Menschen Fuß betritt. Da stehen die alten Baumrecken des Harzes, nicht riesenhaft, aber in gedrungener Kraft, von Sturmwind und winterlicher Schneelast gebrochen und in ihren Formen seltsam gespensterhaft gezeichnet, von grünem Moos und grauem Brockenbart umsponnen. In diesem einsam wilden Reich herrscht noch der Hirsch als stolzer Waldeskönig, und vom knorrigen Ast der alten Wetterfichte läßt einer der letzten Urhähne sein rauhes, ach bald wohl verklungenes Balzlied tönen.

Ich weiß nicht, ist es schöner, in diesem hohen Urwald weg- und steglos zu pürschen, dem Rauschen des Windes in seinen Kronen zu lauschen, dem Spiel der Sonnenstrahlen zuzusehen, die durch seine Zweige brechen, oder dem Nebel, der in seinen Ästen hängt. Oder ist es schöner, von einer Bergeshöhe, einer ragenden Klippe aus träumend die Blicke hingleiten zu lassen über das grüne, leise wogende Waldmeer zu unseren Füßen? Wer seine Augen einmal an den wundervollen, weitgeschwungenen, ruhig ernsten Linien dieser Berge hat entlanggleiten lassen, der vergißt sie nicht wieder. Das ist die schöne, altersreife und ausgeglichene Formsprache des Granits und seiner Kontaktgesteine. Weite flache Talmulden verbinden die Einhänge der Berge und sind in den höheren Lagen meist von Hochmooren erfüllt.

Schlicht und bescheiden den Landschaftsformen des Granits sich anschmiegend, dürftig an Baumwuchs und arm an Pflanzenarten, von der Tierwelt fast ganz gemieden, so liegen diese Moore verträumt und schweigend, oft fast öde und eintönig da. Aber welch packendes Erlebnis einsamer Melancholie, die Seele lösender Versonnenheit bergen sie für den, der sich hineinwagt in diese reizvoll stille Welt! Diese Hochmoore tragen nicht zum wenigsten dazu bei, dem Brockengebiet sein besonderes Gepräge zu verleihen. Überall, wo wir an

den Berghängen und in den Talmulden geschlossen dichte und grün=
ragende Tannenwälder sehen, da ist kein Moor. Aber überall da,
wo der Bestand lockerer wird und kleinere und größere Blößen und
Lichtungen sich regellos dazwischen schieben, wo die Tannen leicht
kümmern und eingesprengt das helle Laub der Birken und Erlen,
Lärchen und Quitschen herüberleuchtet, dort herrscht das Moor.
Am deutlichsten trägt diesen Mischcharakter der breite Rücken des
Bruchberges; vor ihm, im weiten Brockenfelde schwellen am aus=
gedehntesten völlig baumlose Moorflächen. Es ist dies die tiefe Firn=
mulde des einzigen eiszeitlichen Brockengletschers, den die Wissen=
schaft hat nachweisen können, und dessen Endmoränen, noch heute
am Steinschliff erkennbar, im mittleren Odertale lagen.
In den tieferen Lagen wird die Moorbildung seltener, und die brei=
teren Talmulden werden hier zu freundlich grünen Wiesenflächen,
wie oberhalb Schierkes, wo die junge Bode, fast wie ein Fluß der
Ebene, in ruhigen Mäanderlinien durch das Grün der freilich noch
felsbestreuten Wiesen plätschert. Diese kahlgrauen oder moosbe=
wachsenen Granitblöcke gehören, wie die Moore, ganz zu dem dem
Brockengebiet eigentümlichen Landschaftsbilde, das man deshalb
im Gegensatz zum Ober= und Unterharz auch wohl den Steinharz
zu nennen pflegt. Auf den Wiesen liegen sie und in allen Wäldern,
die Flüsse und Bäche schäumen über sie hinweg, und die weiten Hal=
den der Kahlschläge sind von ihnen bedeckt. Wie leuchten im Sommer
diese Halden, die der Harzer Haie nennt, wenn zwischen dem Stein=
gewirr die Stauden des Fingerhuts, des Weidenröschens und des
heidnischen Wundkrauts ihre roten, rosa und gelben Blütenköpfe
erheben! Daneben bieten sie als freundliche Gabe dem Wanderer
die köstlich aromatischen Erd= und Himbeeren.
Hier und da an den Hängen und auf den Kammhöhen der Berge
türmen sich die Felsblöcke zu hohen Klippen auf von oft so seltsamem,

14

die Phantasie anregendem Formenausdruck, daß uns die Namen, die das Volk ihnen gab: Wollsäcke, Käseklippen, Kanzel, Königinkapelle, Hexenaltar, Magdbett, kaum verwunderlich erscheinen. Beherrschend ragt über dieser eigenartig wilden, wie freundlich schönen Bergwelt das greise Haupt des alten Vater Brocken, heute das Ziel unzähliger Harzfahrer; denn eine gemächliche Fahrstraße, ja selbst die Eisenbahn haben seine stolze Höhe mühsam erklettert, und das im Jahre 1800 erbaute Brockenhaus öffnet seine gastlichen Pforten. Aber der alte Berggeist lächelt, bezwungen fühlt er sich noch keineswegs. Was bedeuten die paar schmalen Linien der Gleise und Wege in der weiten Einsamkeit der Urwälder, Klippenhalden und Hochmoore? Dem Jäger und dem rechten Naturfreunde verschließt er sein Reich nicht, aber schon die Forstwirtschaft muß sich mit einem bescheidenen Tribut der mittleren Berghänge begnügen, und gar der Versuch, im Brockenbett, auf der Heinrichshöhe und am Königsberge ausgiebig Torf zu stechen, der in der zweiten Hälfte des 18. Jahrhunderts unternommen wurde, ist kläglich gescheitert. Heimliche Gesellen sind vom 16. bis 18. Jahrhundert immer wieder in seinen Tälern herumgekrochen, echte Venetianer, die hier Antimonialerde für ihre heimische Glasfabrikation suchten und fanden, und abenteuerliche Goldmacher, die natürlich vergeblich im Granitgebiet nach edlen Erzen schürften. Plötzlich und heimlich, wie sie kamen, sind sie wieder verschwunden, ihre Spur nur noch in manchen Harzer Sagen zurücklassend. Wirtschaftlich hat der Brocken im Haushalt der Menschen nur insofern Bedeutung, als er mit seinen Wäldern und Brüchen das Klima beeinflußt, um sein Haupt die Wolken, die Träger erquickenden Regens, zusammenbraut und aus seinen Quellen und Mooren die Mühlen, Sägewerke und Hütten treibenden Flüsse speist. Ein großzügiger Plan will demnächst die Brockenwässer durch Zusammenfassung in Fanggräben und Stauanlagen der Induſtrie der Vorebene und dem Mittellandkanal dienſtbar machen. Ein eigenartig unentrinnbarer Zauber aber iſt mit dem Namen des Brocken für die Geſchichte des deutſchen Geiſtes und Gemütes ver= knüpft, freilich beginnt er erſt verhältnismäßig ſpät zu wirken. Taucht doch der Name des Brocken überhaupt erſt im 15. Jahrhundert auf, und ſeine Erklärung iſt noch heute nicht ſicher gelungen. Früher deutete man ihn wohl als den mons Bructerus, den Berg der Bruk= terer, oder als mons ruptus, den in zwei Teile zerbrochenen Berg, oder als den Berg mit den vielen Brocken, d. h. Steinblöcken. Wahr= ſcheinlicher iſt die Deutung als Bruchberg vom niederdeutſchen brook, oder im Anſchluß an die mitteldeutſche Namensform Brackenberg, die Ableitung von bracken, das ſind die abgeſtandenen, als Nutz= holz untauglichen Bäume, oder endlich vom nordiſchen brok, was ſoviel wie umwölkt, benebelt bedeuten ſoll. So jung und unſicher unſere Kenntnis vom Namen des ſtolzen Berges iſt, ſo wenig können wir auch wiſſen, wie er auf das Gemüt und den Glauben unſerer Vorfahren gewirkt haben mag. Keine Sage iſt es, daß ſie auf ihm den heidniſchen Göttern einſt geopfert haben ſollten.

Jahrhunderte hat das unnahbare, vielleicht namenloſe Bergeshaupt in ruhiger Einſamkeit herabgeſchaut auf den Verlauf einer anfangs großen, dann zeitweiſe auch ſchreckensvollen Heimatgeſchichte. Der Brocken hat das Gekläff der Rüden und den Klang der Jagdhörner gehört, als die deutſchen Könige von Heinrichs Stamme von ihren Jagdpfalzen Bodfeld und Ilſenburg aus in den hohen Wäldern Bär und Luchs, Hirſch und Eber jagten. Namen wie Königsberg und Königinkapelle, Finkenherd und Kaiſerworth ſind damals wohl entſtanden. Zu ſeinen Füßen hat der alte Brocken die ſtolzen Burgen Heinrichs IV., vor allem die Harzburg, wachſen und wieder in Trümmer ſinken ſehen. An ſeinem Hange vorüber durchs Brocken= feld führte der alte Kaiſerweg, und manch glanzvoller reiſiger Zug

16

mag dort von Goslar aus zu den südharzer Pfalzen hinübergeritten sein. Immer wieder blitzte der Schein blanker Waffen herauf, wenn sich in der Vorebene die Harzgrafen untereinander oder mit dem Halberstädter Bischof und den aufblühenden Städten herumschlugen. Wie Fackeln leuchteten im Umkreise die lodernden Klöster zur Zeit des Bauernaufstandes, die Wachtfeuer und brennenden Dörfer, als im dreißigjährigen Kriege fremde Kriegsscharen das Land durch= zogen. Nächtelang muß der Feuerschein des brennenden Magdeburg am fernen Horizont geleuchtet haben. Noch schrecklicher waren die Fackeln, die rings im Lande vom 14. bis ins 18. Jahrhundert immer wieder aufleuchteten, als ein dunkler Kirchenwahn zahllose Frauen und Mädchen als Hexen dem Scheiterhaufen überlieferte.

Mit all diesen Martern und Gräueln hat unser guter Vater Brocken ursprünglich rein gar nichts zu tun gehabt, gerade in den heimischen Hexenprozeßakten wird sein Name kaum genannt. Die Sage vom Brocken als dem Hexenberge, dem Blocksberge, ist nicht auf hei= mischem Boden erwachsen, erst durch die Literatur des ausgehenden 17. Jahrhunderts, als die Scheiterhaufen schon zu erlöschen begannen, ist sie entstanden und nun freilich auch schnell Allgemeingut gewor= den als harmlose Sage im gespensterglaubigen Sinne. Schnell nahm dieser Brockenhexenglaube ironisch=satirischen Charakter an, bis er dann durch Goethes Faust zu höchster Poesie erhoben wurde.

Leidenschaftlich hat sich Deutschlands größter Dichter gesehnt, die heilige Kuppe des Brocken zu betreten, und am 10. Dezember 1777 in strahlender Winterherrlichkeit hat er das Glück genossen. Fürsten und Bürger, Dichter und Denker, Forscher und Naturfreunde haben ihn seit etwa dem Ausgange des 16. Jahrhunderts in immer grö= ßerer Anzahl besucht, angelockt durch seine wilde Naturschönheit, seine eigenartige Pflanzen= und Tierwelt und seinen sagenhaften Ruf. Wanderer und Naturfreunde, Geologen und Botaniker schil=

17

dern uns ernst und anmutig, was sie fanden und wie sie ihn sahen, den berühmten Berg, in seinen so freundlichen wie wilden Wetterstimmungen. Widerklingt sein Preis in den Liedern der Dichter. Immer stärkere Bedeutung gewann der sagenumwobene Berg für die geistigsittliche Anschauungswelt der Deutschen: seit der Zeit der Befreiungskriege wurde er zu einem Symbol deutscher Art und deutschen Vaterlandsgefühls.

Und was ist der Brocken uns heute? Eisenbahn und Auto haben ihn erobert, Flieger ihn umkreist; gut gebahnte Wege erleichtern von allen Seiten den Aufstieg, und der Sport hat ihn als herrliches Schneeschuhgelände entdeckt. Viele Tausende besuchen ihn jahraus, jahrein, winters und sommers, und es kann einem bisweilen angst und bange werden vor der Menschenfülle auf Gipfel und Wegen. Aber das ist alles nur wie ein äußerliches Kleid, an innerem Reiz und Charakter hat der Berg nichts verloren, wenn wir ihm nur zur richtigen Stunde nahen oder die Hauptzugangswege meiden. Seine schöne Linie spricht zu uns genau wie zu unseren Vorfahren. Die Stürme, die seine Flanken schlagen, die Nebel, die seine Bruchwälder durchziehen, der Sonnenschein, der das große Landschaftsbild zu seinen Füßen mit Glanz und Farben übergießt: das ist alles das Alte geblieben. Noch immer bergen seine Wälder und Brüche manch reizvolles Geheimnis einer eigenartigen Tier= und Pflanzenwelt, an denen sich erfreuen mag, wer noch den Sinn für die Schönheit und Harmonie einer ungebundenen Bergnatur im Herzen trägt.

Freilich noch heute, wie vor 400 Jahren, sind es vor allem die Merkwürdigkeiten, die die meisten der Besucher locken. Sie wollen auch einmal oben gewesen sein auf diesem höchsten Berge Norddeutschlands und sind enttäuscht, wenn er ihnen die gewünschte weite Fernsicht versagt. Einigen Bevorzugten bietet er vielleicht zum Ersatz das Schauspiel eines Gewitters zu ihren Füßen, oder die Erschei=

18

nungen des Elmslichts oder des Brockengespenstes. Auch der alte Ruf als Hexenversammlungsstätte ist noch nicht verklungen, in dem übermütig-fröhlichen Treiben der Walpurgisgemeinde lebt er fort. Die Freude an heiterer Geselligkeit in den gastlichen Räumen des Brockenhauses, nachdem beim Aufstiege die Winterherrlichkeit des Berges Augen und Herzen erfrischt hat, hat die Silvestergemeinde entstehen lassen, die älteste dieser Brockengemeinden, die schon im Jahre 1888 sich begründete. Die jüngste ist die Bismarckgemeinde, die seit 1920 alljährlich den Geburtstag des großen Kanzlers droben feierlich und stimmungsvoll begeht. Hier hat die Not der Gegenwart den hohen vaterländischen Ton wieder angeschlagen, der schon einmal in der Zeit der Befreiungskriege auf dem deutschen Berge erklungen war.

Wenn bei solchen Brockenfeiern die Mitternachtsstunde schlägt, oder wenn sich zur Sonnenwendfeier deutsche Jugend auf dem Gipfel lagert, dann leuchtet die Fackel des lodernden Flammenstoßes weit in deutsche Lande hinein und verkündet von Brockenhöhe, daß in unserem Volk noch nicht erloschen ist echtes Heimatgefühl und tiefe Vaterlandsliebe!

Brockenblick vom Kyffhäuser aus

19

Sterbender Recke im Urwald

Brockengeheimniſſe
Von Hermann Löns

Lange hat es gedauert, ehe der Brocken der Welt bekannt wurde. Kräuterſammler, Jäger, Flüchtlinge und erzſuchende Männer, Venediger genannt und zauberiſcher Künſte verdächtig, mögen ihn wohl ab und zu begangen haben, und der thüringiſche Dichter Wen= delin von Hellbach beſang ihn ſchon 1570 in lateiniſchen Diſtichen. Eine gedruckte Mitteilung über eine Brockenfahrt liegt aber erſt vom

Ende des sechzehnten Jahrhunderts vor; denn 1588 gab Joachim Camerarius sein Werk: „Hortus medicus" heraus, in dem des Nordhäusener Stadtphysikus Johannes Thalius Buch: „Sylva Hercynia" erschien, die erste Flora eines deutschen Gebietes.

Wiederum ein Pflanzenforscher war es, der Gärtner des fürstlich braunschweigischen Gartens zu Hessen, Johann Royer, der nach langer Zeit einen schriftlichen Nachweis seiner Brockenfahrten gab; 1648 schrieb er in der Vorrede über die von ihm am Brocken gefundenen Gewächse: „Dieser Berg ist wegen seiner grausamen Höhe und Größe weit beschryen, kan über etliche Meilen gesehen, aber nicht eher als ümb S. Johannis Baptistae erstiegen und besichtigt werden, der Kälte und Schnees halber, so sich daselbst nach Pfingsten allererst verleuret."

Kälte und Schnee, Nässe und Unwirtlichkeit waren es, die bis dahin die Menschen abschreckten, weiter als bis zum Fuße des Berges vorzudringen; späterhin kam noch etwas anderes hinzu. Nachdem Thalius und Royer des Berges heilsame Kräuter gesucht und beschrieben hatten, brachte es ein dritter Johannes, der Leipziger Magister Prätorius, in seinem 1668 erschienenen ebenso dickbäuchigen, wie aberwitzigen Buche „Blockes=Berges=Verrichtung" fertig, unter dem Deckmantel der Gelahrtheit das blödeste Zeug von dem Satansdienste auf dem Berge zusammenzufaseln. Wenn man den braven Stubenhocker, der den Brocken nie mit Augen sah, in Gelehrtenkreisen auch nicht ernst nahm und Behrens ihn 1703 in seinem Buche „Hercynia curiosa" sogar wenig höflich einen Schöps in superlativo gradu nannte, es war dem sächsischen Magister doch gelungen, den Berg in schlechten Ruf zu bringen und ihm zu dem Uebelnamen Blocksberg zu verhelfen, der von Rechts wegen nur den Götterbergen der ostelbigen Slaven zukam. Unhold galt fortan der gute Berg und nur vorurteilslose Männer nahten sich seinem Gipfel, wie die Botaniker Albrecht von Haller, Albert Ritter, Friedrich Ehrhardt und andere.

Aber erst, nachdem Goethe in drei Besteigungen, im Dezember 1777 und in den Septembermonaten der Jahre 1783 und 1784, den Berg gewann, ward er zum Vergnügen bestiegen. Kaiser und Könige besuchten ihn; im Juli 1697 war Zar Peter oben, 1805 und 1825 die preußischen Könige Friedrich Wilhelm der Dritte und Vierte, und sogar Jeromchen raffte sich dazu auf, sein Luderleben zu Kassel auf einige Tage zu unterbrechen und nur in Begleitung der unentbehrlichsten Coeurdamen sich des Verlustierens halber zum Brocken zu bemühen, wasmaßen ihn die vereidigten Hofpoeten ob seiner Unerschrockenheit über das Bohnenlied priesen. Wenn nun auch schon 1736 als Unterkunftsstatt für die Brockenfahrer das noch jetzt dort stehende Wolkenhäuschen errichtet wurde, wenn auch 1743 Graf Christian Ernst von Wernigerode dort eine Herberge für sich und die Seinen und eine Wirtschaft für die Torfgräber erbaute und von 1819 bis 1828 an die dreißigtausend Leutchen den Berg erklommen, erst das Ende des vorigen Jahrhunderts brachte dem trotzigen Berge einen regelrechten Verkehr und gab ihm neben den Fahrstraßen auch Fußwege, und seitdem die Harzquerbahn das Gebirge durchschnitt und gar erst, als sie 1899 auch den Brocken selber bezwang, ist der Brocken allbekannt.

Das heißt, was man so allbekannt nennt. An 200000 Menschen besuchen durchschnittlich im Jahre den Berg, 50000 allein befördert jährlich die Bahn auf seinen Gipfel, aber nur ganz wenige von diesen Tausenden lernen den Brocken wirklich kennen. Die meisten von ihnen, mögen sie mit der Bahn, zu Wagen, mit Kraftwagen oder selbst mit dem Rade auf ihn gelangen, bekommen nur einen schwachen Begriff von ihm, und sogar die Fußwanderer lernen sein wirkliches Wesen nicht kennen, selbst wenn sie nicht zu jenen brül-

22

lenden Horden gehören, die alle Wegränder mit Eierschalen ver=
schandeln, jedes klare Wässerlein am Wege mit Papierfetzen entweihn
und die moosigen Felsblöcke mit Schnapsflaschen bewerfen. Wer
den äußeren Berg kennen will, wie ihn seine Hüter, die Förster und
die Holzfäller, Wegearbeiter, Gesteins= und Pflanzenforscher kennen,
der muß die gelben Wege und ihren sauberen Granitgrus verlassen
und die moosigen Pürschsteige der Förster, die grasigen Pfade der
Holzfäller, die verwachsenen Fahrstraßen, die zu den abgebauten
Steinbrüchen und zu den längst aufgegebenen Torfstichen führen,
einschlagen, wo kein Gejodel der Salontiroler die Lieder von Fink
und Braunelle übertönt und die Fichten und Felsen nicht von grellen
Blusen und hellen Hüten um ihre Wirkung gebracht werden. Er muß
sich abseits stehlen durch das wirre Gesträpp des Tannichts und zu
den steilen Blockhalden emporklettern, in denen der Schnee bis Ende
Juni liegen bleibt, oder sich in die Moore flüchten, an denen sich
die Wege scheu vorbeischleichen; dort wird er des Berges Geheim=
nisse gewahr.

Die Moore sind es, die des Brockens Würde aufrecht erhalten.
Mögen Fußweg, Fahrstraße und Eisenbahn ihm auch seine Unnah=
barkeit genommen haben und Schneereifen und Schneeschuh ihm
selbst wintertags keine Ruhe mehr gewähren, wo der weiche Torf
schwankt und das schleimige Moos quillt, wo die Moosbeere rankt
und das Wollgras seine Silberseidenfahne schwenkt, Rosmarinheide
sich in schwarzen Lachen spiegelt, hohl der Kuckuck läutet und dünn
die Moorlerche zirpt, da kann man schweifen den ganzen lieben
Tag, ungestört von lautem Stadtvolke, an jene unvordenklichen
Tage denken, als des Berges steilragender Granitgipfel unter dem
Drucke unterirdischer Gewalten zerbarst und seine Trümmer hin=
unterpolterten bis an seine Abhänge, den Wald zerschmetterten und
begruben und die Flußtäler mit gewaltigen Schuttmassen abdämm=

ten und Ilse und Bode, Sieber und Holtemme zu wildem Tanz und tollem Springen zwangen, oder sich in jene Zeiten versetzen, wo der Bär hier friedlich Heidelbeeren suchte, der Luchs das Wildkalb riß und Adler und Uhu Hase und Auerhahn schlugen.

Es ist gar kein großes Wagnis heutzutage, die Moore des Berges zu begehen denn irrt man auch einmal in der Richtung, auf irgend einen mit Handweiser versehenen Weg oder auf den Damm der Bahn, der tief in den braunen Torf einschneidet, trifft man nach nicht allzu langer Zeit und weiß dann, wohin man seine Schritte zu lenken hat. Aber das Moor ist den meisten Menschen unheimlich, und schon dort, wo der Boden anmoorig ist, so daß der Wanderer es merkt, wie die gelbe Granitgrusdecke unter seinen Tritten bebt, wie auf dem Goethewege zwischen dem Königsberge und dem Brocken= kopfe, fühlt er sich unsicher, und er atmet auf, hat er wieder den harten Fels unter sich. Wäre es anders, so hätten Hirsch und Ur= hahn keine Zufluchtsstätten mehr, und die Zwergweide und die Krähenbeere wären auch hier von raffenden Fingern ausgerottet, wie auf dem Scheitel des Berges.. Wie aber einst der Brocken mit dickem Nebel und frühem Schnee sich gegen die Ausnutzung der Torflager wehrte, so halten diese heute noch dankbar die große Menge von ihm ab und lassen nur den hinter seine Geheimnisse kommen, der nach der Farbe der Torfmoospolster und nach der Art der Gewächse weiß, wo seine Füße hintreten dürfen.

Sie sind unterschiedlicher Art, die Moore des Brockens, und keins gleicht dem andern. Da sind etliche, die sind nur wenige Geviertfuß breit, aber von Mannes Tiefe; denn zur Rechten wie zur Linken engt der Granit sie ein. Andere sind breit und weit und kahl und eben, wie die Hochmoore der norddeutschen Heiden, und was an Baumwuchs und Strauchwerk auf ihnen stand, das erstickten sie und zogen es hinunter in das alles gleich machende Moor. Wieder welche

24

zanken sich mit den hartnäckigen Fichten und den zähen Heidel=
beeren herum, wer den Platz behaupten soll, und noch andere ver=
trugen sich recht und schlecht mit Weiden, Stauden und Gräsern,
ließen den Ehrgeiz, Hochmoore sein zu wollen, fahren und begnügten
sich damit, Grünlandsmoore zu sein, halb Moore, halb Wiesen, nicht
ganz Sümpfe, doch auch kein rechtes Buschland. Alle aber, wie sie
da sind, haben etwas Drohendes und Verstecktes in ihrem Wesen,
denn sie alle, mögen sie im braunen Gewande sich zeigen oder das
grüne Kleid tragen, prahlend sich in der Sonne recken oder im Wal=
desschatten sich ducken, haben sich verschworen, die stolze Tanne und
die freundliche Eberesche zu morden und alle schönen Blumen und
feinen Kräuter, die festen Grund lieben und Schlamm und Moder
fliehen, zu meucheln. Fäulnis ist ihr Kennwort und Verwesung ihr
Feldgeschrei.

Darum sind sie so unheimlich, und das Leben weicht ihnen aus.
Ueberall am Brocken ist es nicht so bunt, so mannigfach, so laut, so
lustig, wie zu seinen Füßen. Die fröhlichsten Vögel und die lachend=
sten Blumen bleiben da zurück, wo an den zerklüfteten Schiefer=
wänden die Buche den glatten Leib emporreckt; sobald Granit und
Fichte die Alleinherrschaft antreten, ist das Leben nur halb so bunt,
um die Hälfte stiller. Doch wo der Fels zu Tage tritt, daß Regen
und Sonne, Frost und Tauwasser ihn zu Grus zermahlen, da kleidet
die Heidelbeere ihn in fröhliches Grün und bereitet den Boden für
allerlei Kräuter vor, und so lebt und webt es da von vergnügtem
Volke, das über den zarten Glöckchen surrt und um die weichen
Blättchen burrt, um die leuchtenden Triebe der Fichten schwirrt und
über dem schimmernden Blattwerk der Eberesche flirrt; da wiegen
sich märchenhafte Farren, klettert der schnurrige Bärlapp, schimmert
des Sauerklees feenhafte Blüte und leuchtet einer wunderlichen
Flechte prunkvolles Korallengeschmeide aus seidenem, mit blankem

25

Golde durchwirktem Moose, über das die schwarze Schnecke ein helles
Silberband webte. Dort finden Frosch und Eidechse, Kröte und Molch
Nahrung in Fülle, Hase und Reh tun sich dort gütlich, Auergeflügel
und Birkwild hat da seine Stätten, und der edle Hirsch läßt hier
sein Geweih wachsen. Sind es auch nicht viele verschiedene Sänger,
die hier ihre Stimmen erschallen lassen, und sind einige von ihnen
auch recht unbegabt, Schnarre und Zippe, Tannenmeise und Fink,
Zeisig und Kreuzschnabel, Zaunkönig und Braunelle, Laubvögel
und Goldhähnchen sind reichlich vertreten und erfüllen die Stille mit
Klingklang und Singsang.
Wer aber dem blutroten Wasserfaden nachgeht, der zäh und klebrig
aus verrenkten Wurzeln tropft, wer aus der Sonne in die Schatten
der dunklen Fichten und in die Kühle des düsteren Moosteppichs
tritt, den weht des Moores Unheimlichkeit, die alles laute, lustige
Leben zurückläßt, an, und vergebens späht er nach frischen Farben
und frohen Stimmen. Der blasse Tod geht hier durch den Wald,
am Arme die fahle Fäulnis. Die Bäume haben keine mutvollen
Wipfel mehr; sie halten sich geduckt, denn neben ihnen stehen ihre
kranken Brüder, vom Sturm gelockert, vom Reif mißhandelt, vom
Schnee zerquetscht. So mancher davon ist am Sterben; viele sind fau=
lende Leichen; von anderen sind nur noch die blanken Gerippe übrig,
und die zernagen die Pilze und zerbeißt das Moos. Je näher das
Moos kommt, um so dichter liegen die Kranken und Sterbenden,
und der Rand des Moores ist ein großes Leichenfeld voller Dunst
und Brodem, Moderluft und Totenluft.
Im Moore selbst aber ist die Luft rein. Da hat das Sterben ein
Ende; denn das Moor ist das Nirwana. Wie rund umher, so kämpften
auch hier einst Fichte und Eberesche im bunten Lebenstraum, zitter=
ten im Sturm, knirschten im Rauhreif, dehnten sich im Frühlings=
regen und reckten sich in der Sommersonne. Dann kam ein Winter

26

arger Art; ihre Zeit war um; sie fielen und erhoben sich nicht mehr.
Der Wurm fraß ihre Rinde, die Made ihr Mark; der Adel des
Berges verschwand im Gewimmel des Mooses. Und das wuchs und
wuchs, erstickte die Heidelbeere, erwürgte den Farrn und dämpfte
das Riedgras. Kein Denkmal der Vergangenheit durfte stehen blei=
ben; die Stümpfe der Fichten mußten fallen, die Felsen verschwin=
den. Nichts blieb übrig als das Gesindel von Moos, Heide und Woll=
gras und in der Mitte, wo einst ein klares Wasser sprang, ein tiefes,
großes Loch, schwarz und verschleimt, über dem ein grauer Vogel
langweilig herumflattert und stumpfsinnig piepst.

Andere Geheimnisse hat der Brocken noch, die dem Schwarm der
Brockenfahrer fremd bleiben. Bei den alten Torfstichen liegen in
Moos und Fichtengestrüpp vergraben gewaltige Quadermauern,
und leicht möchte man glauben, Reste von Ritterburgen und Wil=
dererschlupfwinkeln seien es. Aber es sind die Reste der Häuser, in
denen um die Mitte des achtzehnten Jahrhunderts die Torfgräber
und Torfköhler hausten, und sie erzählen nicht von Untat und Frevel,
sondern von dem stillen, zähen und vergeblichen Kampfe, den der
Mensch hier gegen den Brockennebel führte. Weiterhin hängen
Trümmerhalden an seinen steilen Flanken, hinter verkrüppelten
Fichten versteckt. Toll sieht es da aus; die Felsblöcke von allen
Größen und jeder Form sind hier übereinandergepoltert, durchein=
andergewürfelt. Mit bunten Kringeln und Kreisen haben allerlei
Flechten sie bemalt, und wo sich Fuß fassen ließ, webt die Heidelbeere
ihr Buschwerk darüber hin. Aus den Spalten nicken hellgrüne Farrn=
wedel über dem rostroten, schlaff herabhängenden Vorjahrslaube,
silberne und goldene Blumen schwanken aus moosgefüllten Ritzen
und tief im Grunde schluchzen unsichtbare Bäche. Hoch in der Luft
aber gaukelt ein bunter Vogel, singt ein spaßhaftes Lied und treibt
seltsame Possen. Weiter unten, wo die Fichten im Windschatten

27

stehend volle Ellbogenfreiheit haben und herrisch ihre Häupter recken, da spielt bis in den Sommer die Sonne mit dem Schnee Kriegen. Wo sie nur irgend kann, neckt sie ihn, zupft an ihm herum, macht ihn mürbe und matt, bis er sich weinend in die dunkelsten Ecken ver= kriecht. Wenn dann an allen lichten Orten jeder Zweig treibt und jede Knospe aufspringt, wenn die weißen Blumen auf dem Scheitel des Berges längst verblüht sind, raffen Fichte und Heidelbeere sich auf und holen eilig nach, was sie versäumten.

Dann gibt es tote Zwergwälder an wilden Hängen, deren graue Gerippe in der Sonne wie altes Erbsilber schimmern, Felsen, die einen Veilchenduft ausströmen, Blöcke, von den Flechten mit ge= heimen Runen beschrieben, köstliche, warme Lichtungen inmitten grauer Trümmer und schwarzer Fichten mit winzigen Wasserfällen, Bächen und Teichen zwischen fingerlangen Tannenbäumchen und zollangem Moose, als hätten die Heinzelmännchen sich hier einen Lustgarten geschaffen, und eine Strecke weiter hemmt ein Wirrwarr von Felsblöcken, geknickten und ausgerissenen Bäumen den Wan= derer, daß er sich scheu nach dem Riesen umsieht, der hier seine Wut austobte. Hat er diesen Ort des Schreckens verlassen, dann steht er an einer lachenden Blöße, bunt von schönen Blumen, und reißt er sich endlich los, so nimmt ihn das schweigende Tannicht auf, bis es ihn dort fröstelt und er sich zum hellen Hange rettet, wo das warme Sonnenlicht ein buntes Sommerfest feiert.

Wer aber das alles sah und nicht mehr, der kennt des Berges Ge= heimnisse noch lange nicht. Wenn die Wetterhexe angetanzt kommt, daß ihres Rockes ausgefaserter Saum die Felsen streift, wenn ihre Augen Blitze sprühen und ihr Lachen die Felsen erbeben läßt, wenn die Nebelfrau aus dem Moore schleicht, die Handweiser fortnimmt und die Wege verwischt, um die Menschen zu foppen, wenn der Eis= mann lächelnd um den Berg geht und jedes Bäumchen und jedes

28

Hälmchen zu Silber macht, und wenn die Schneeriesen mit den Sturm=
weibern sich ein Stelldichein geben, daß von ihrem rohen Getrampel
die Quadern des Brockenhauses beben, wer zu solchen Zeiten dort oben
wandert, der darf sagen, daß er mehr von den Geheimnissen des
Berges weiß, als Johannes Prätorius, weiland Magister zu Leipzig,
mehr davon kennt, als die Tausende, die zur Sommerzeit, bequem
zurückgelehnt, Zigarren rauchend und Süßigkeiten naschend, von
dem ächzenden Zuge hinaufbefördert werden.

Erwischten sie dann einen Sonnenaufgang, platzten sie auf das Brok=
kengespenst, standen sie ein Brockengewitter aus, überlebten sie eine
Sturmnacht oder ärgerten sie sich an einem Nebelmorgen vorbei, so
denken sie wunder, was sie erlebt haben, und glauben, sie kennten
den Berg.

Sie kennen ihn, wie man einen großen Mann kennt, den man in
einer Gesellschaft traf. Sein inneres Leben aber kennen sie nicht.

Teufelswaschbecken

Frei nach einer v. Grafen selbst 1768 gefertigten Radierung   AR.

Chr. Friedrich, Graf zu Stolberg-Wernigerode, 1746–1824
Erbauer des ersten Brockenhauses

Fürstenbesuche auf dem Brocken
Von Archivrat Dr. Herse-Wernigerode

Seit Kaiser Karls des Großen Zeiten bildete das Brockengebiet einen Teil des großen „Reichsbannforstes" im Harz und seit den Königen aus dem sächsischen Hause war es ein bevorzugtes Jagdrevier der deutschen Herrscher. Wir dürfen uns wohl ausmalen, wenn auch keine urkundliche Nachricht darüber vorliegt, wie die eine oder andere dieser herrschgewaltigen Persönlichkeiten im Jagdeifer bis

30

auf den Brockengipfel gelangt sein mag. Dielleicht geschah es von dem Wege aus, der in der Nähe des jetzigen Forsthauses Oderbrück abzweigte und zum königlichen Jagdhaus Bodfeld führte, dessen Ruinen jetzt noch bei Königshof über die Bode aufragen.

Auf der Jagdpfalz Bodfeld starb am 5. Oktober 1056 der mächtigste deutsche Kaiser Heinrich III. in den Armen des deutschen Papstes Victors II.; sein Tod war der große Wendepunkt der vaterländischen Geschichte; die Macht des Kaisertums sank, die der Territorialfürsten, der Erzbischöfe und Bischöfe, der Herzöge, Grafen und Herren stieg. Der große Königsforst des Harzes ging aus kaiserlichen Händen als Schenkung oder Lehen in die des Fürstentums über. Das Brockengebiet fiel den Grafen von Wernigerode und nach ihrem Aussterben ihren Erben im Besitz der Grafschaft Wernigerode, den Grafen von Stolberg, zu. Der Lehnbrief, durch welchen Kaiser Max, der letzte Ritter, auf dem Reichstage zu Augsburg am 11. September 1518 den Grafen Botho zu Stolberg mit dem „Brockelßberg" belehnte, ist die älteste abschriftlich erhaltene Urkunde über den Brocken. Die Grafen — und auch die Gräfinnen — von Stolberg haben eifrig im Brockengebiet, im „Steinharz", wie es im 16. Jahrhundert in den Akten einmal glücklich benannt wird, des edlen Waidwerks gepflogen. Man übernachtete dabei mit Jagdgefolge in Zelten im Revier. Im September 1524 geschieht zum ersten Mal in den gräflichen Amtsrechnungen ausdrücklich einer Jagd „am Brogken und hinderm Brogken" Erwähnung.

Die ersten Fürstlichkeiten aber, von denen wir bestimmt wissen, daß sie nicht nur im Brockengebiet, sondern auf dem Gipfel selbst geweilt haben, sind nicht die Herren des Brockens selbst, sondern ihre Nachbarn, die Herzöge von Braunschweig, gewesen, deren Gebiet an der Ecker bis nahe an den Berg heranreichte. Am 11. August 1587 vermeldeten die Grafen von Regenstein ihrem Vetter Graf Wolf Ernst zu Stolberg, daß „die Braunschweiger und Lüneburgischen Fürsten am 9. huius Augusti" in Blankenburg eingetroffen seien, am 13. abends nach Wernigerode kommen würden, und um Nachtquartier bäten, weil sie von dort aus den „Brockenßbergk" besehen wollten. Auf den Herzog Heinrich Julius von Braunschweig-Wolffenbüttel, — einen der bedeutendsten Reichsfürsten seiner Zeit, dem Grillparzer in seinem „Bruderzwist im Hause Habsburg" ein Denkmal gesetzt hat — machte der höchste Berg des Harzes einen tiefen Eindruck. Auch seine jugendliche Gemahlin Elisabeth, eine dänische Königstochter, kam darauf „die Lust an, diesen berühmten und verwunderungswürdigen Berg selbst zu besehen". Der Herzog ließ daraufhin einen Fahrweg bis zur halben Höhe des Gipfels, doch wohl auf Braunschweiger Gebiet, anlegen und besuchte den Berg mit der Herzogin anno 1591. Ein Freund des Brockens war auch ein weiterer Braunschweiger Herzog, der gelehrte, fromme und jagdliebende Rudolf August, der gleich Heinrich Julius nach zwei Menschenaltern wieder einen Weg anlegen ließ, um „bequemer auf dem Berge fortzukommen".

Damals konnte man schon von dem „in ganz Europa weit und breit berühmten Blocksberg" sprechen. So hat denn auch der größte europäische Herrscher um die Wende des 17./18. Jahrhunderts dem Berge seinen Besuch abgestattet: Peter der Große auf jener seiner bedeutsamen Europareise, deren Hauptziel Holland war. Bei dem Dorfe Zippel, südwestlich von Magdeburg, kam der Reisegesellschaft am 22. Juli 1697 „ein großer Berg, der Blocksberg", zum ersten Mal zu Gesicht. Am 24. Juli traf Seine Moskowitische Majestät in Ilsenburg ein, wo die Gräflich Stolbergsche Eisenhütte besichtigt und wo übernachtet wurde. Am nächsten Tage wird dann die Besteigung des Brockens erfolgt sein, die ausdrücklich in den Tagebüchern der russischen Gesandtschaft bezeugt ist, von der wir aber leider nicht wissen, welchen Eindruck sie bei dem Schöpfer des modernen Rußland hinterlassen hat.

Während die beiden von den Braunschweiger Herzögen gebahnten Brockenwege bald wieder verfielen, haben die Besitzer des Brockengipfels, die Grafen von Stolberg-Wernigerode, vom 18. Jahrhundert an den berühmten Berg dauernd erschlossen und allgemein zugänglich gemacht. Von Graf Christian Ernst (1710—71), der gleich bedeutend war als Regent, als religiöser Charakter, als Kunst- und Naturfreund, haben die regierenden Grafen — Henrich Ernst (1771—78), Christian Friedrich (1778—1824,) Henrich (1824—54), Fürst Otto (1854—96) und Fürst Christian Ernst (seit 1896) — alle das gleiche Interesse am Brockengipfel und seiner Zugänglichmachung gezeigt.

Graf Christian Ernst d. Ä. legte zwei Fahrwege von Wernigerode und Ilsenburg an, errichtete 1736 das „Wolkenhäuschen" als Schutzhütte auf dem Großen Brocken und erbaute 1743 das erste Gasthaus auf der Heinrichshöhe. Seitdem stieg der Fremdenbesuch des Steinharzes erheblich, und die Gäste wurden nicht müde, im Fremdenbuch der Heinrichshöhe „die vortrefflichen Anstalten des Herrn Grafen zu Stolberg" zu preisen, welche „gleichsam der Natur Trotz bieten und eine unzulängliche Höhe wegsam und nutzbar zu machen wissen".

Im Unterschied von manchen bürgerlichen Harzwanderern, die über die primitive Unterkunftsart klagten, war es gerade ein fürstlicher Besucher, Fürst Victor Friedrich von Anhalt-Bernburg, der am 6. September 1756 mit gutem Humor ins Fremdenbuch schrieb:

> „Ich bin zufrieden mit dem Stroh,
> Im Jahre Zwanzig wars ein Stein,
> Wenn ich den Brocken wiederseh',
> Wird es vielleicht kommoder sein!"

Besuche aus altfürstlichen Häusern waren damals noch selten. Erst 1781 hat wieder ein Mitglied des Welfenhauses, Prinz Friedrich von England, evangelischer Fürstbischof von Osnabrück, dem Blocksberg einen Besuch abgestattet. Sechs Jahre später folgte ein zweiter Welfe, Erbprinz Karl von Braunschweig und Lüneburg, der bezeugte, „die Nacht sehr angenehm auf dem Brocken bei dem Grafen von Wernigerode verbracht" zu haben. Häufiger waren die Besuche von Reichsgrafen, aus dem Hause Stolberg-Wernigerode verwandten und befreundeten Familien, Grafen von Stolberg-Roßla, Erbach, Solms und Ojenburg, und schlesischer Standesherrn, Grafen von Promnitz und Hochberg-Fürstenstein.

Graf Henrich Ernst von Stolberg-Wernigerode, ein eifriger Naturforscher, beobachtete als Erbgraf zwei Mal vom Brocken aus den Durchgang der Venus durch die Sonne. Am 6. Juni 1761 begleitete ihn sein einziger fünfzehnjähriger Sohn, Graf Christian Friedrich und sein Schwager, Burggraf Adolf Christian zu Dohna-Lauck. Am 4. Juni 1769 waren außer den gleichen Verwandten der Dichter Gleim, die gräflichen Forstbeamten v. Landwüst und v. Zanthier und der gräfliche Bibliothekar Raßmann beteiligt. Der Letztere beschrieb im Gästebuch Zweck und Ergebnis der Expedition:

„Der Venus seltnes Phänomen ...
Hat auch Nachfolgende bewogen,
Vom Brocken nach ihr auszusehn.
Sie hüllete sich erst in Schleier ein
Und stellte schalkhaft sich, uns zu betriegen,
Um unverhofft uns zu vergnügen;
Wir sahn sie in der Sonne schön und rein."

Graf Christian Friedrich, der 1800 das erste Gasthaus auf dem Brockengipfel selbst erbaute, machte sich, wie die Eintragungen im Gästebuch erweisen, eine eigene Freude daraus, als Gastgeber auf dem Brocken Verwandten und Befreundeten, bis zu den Offizieren der Halberstädter Garnison die Merkwürdigkeiten des Berges zu zeigen. Eine hohe Genugtuung war es ihm, diesen Dienst am 31. Mai 1805 dem von ihm besonders verehrten Königspaare, Friedrich Wilhelm III. und der Königin Luise erweisen zu können, in deren Begleitung sich der Bruder des Königs, Prinz Wilhelm d. Ä., befand. Nach dem Zusammenbruch des alten Preußen und der Abtretung der Harzgrafschaft an das Königreich Westfalen zog sich Graf Christian Friedrich auf seine schlesischen Besitzungen zurück. Als der Reisewagen bei der Fahrt über den Harz an einer Stelle der kleinen Bode angekommen war, wo sich in der Nähe ein Ausblick zum Brocken bot, ließ er halten, stieg zum Aussichtspunkt hinauf und sprach zu seinem geliebten Berge hinüber: „Nun sehe ich dich nicht wieder!"

Der neue Landesherr, Hieronymus Napoléon, König von Westfalen, traf am 8. August 1811 auf dem Brocken ein, um die Huldigung des höchsten Punktes seiner Staaten entgegen zu nehmen. Sie wurde ihm in fataler Weise verweigert. Durch Unvorsichtigkeit der französischen Köche brach in der Küche des Gasthauses ein Feuer aus, das durch den starken Brockenwind angefacht, das ganze Haus einzuäschern drohte; die Königin mußte in einen Mantel gehüllt ins Freie flüchten; mit Mühe wurde der Brand endlich gelöscht, der Überlieferung nach zum Teil mit der Bouillon, die das königliche Souper eröffnen sollte. Den westfälischen Untertanen wurde der peinliche Zwischenfall, über den die Zeitungen nichts berichten durften, verheimlicht.

Mit den Freiheitskriegen verschwand der westfälische Spuk. Graf Christian Friedrich sah, während seine Söhne mitkämpften, die befreite Heimat wieder. Der Geist der Befreiungskriege, der Erneuerung des deutschen Volkstums, wehte kräftig zur Kuppe des alten

Sagenberges herüber. Als die „zwei Kleinode des deutschen Volkes"
stellt eine Gästebucheintragung jener Jahre den Rheinstrom und
den Brocken zusammen. Ganz aus diesem Geiste erwachsen ist die
Brockenfahrt des ältesten Sohnes der Königin Luise, des Kron=
prinzen und späteren Königs Friedrich Wilhelms IV. Der Kronprinz
stieß mit seinen Begleitern fröhlich „auf die Wiedergeburt des Brocken"
an, sie fühlten sich hier auf heiliger Höhe, „in Herthas heiligem Hain",
eingedenk der Gottesverehrung ihrer germanischen Ahnen.
Die Hohenzollern sind seitdem dem Brocken treu geblieben. Luises
zweiter größerer Sohn, Kaiser Wilhelm I., hat ihn am 19. Juni
1821 besucht. Von seinen Brüdern war Prinz Albrecht zweimal
oben, am 28. August 1828 und am 8. Juli 1836, Prinz Karl ein=
mal, am 18. Juli 1821. Kaiser Friedrich weilte zuerst am 23. Juli
1847, dann wiederholt als Kronprinz mit seiner Gemahlin am
1. und 2. Oktober 1865 auf dem Gipfel; Kaiser Wilhelm II. als
Prinz mit seinem Erzieher Hintzpeter. Von den Söhnen Kaiser
Wilhelms II. war Kronprinz Friedrich Wilhelm anscheinend der
erste Fürst, der im Auto, mit Kronprinzessin Cäcilie, am 5. Ok=
tober 1906, den Gipfel befuhr. Sein Bruder, Prinz Oskar, weilte
am 16. Juli 1913 auf dem Brocken. Der Bruder Kaiser Wilhelms II.,
Prinz Heinrich, stattete als bisher letzter Hohenzoller mit seiner Ge=
mahlin, Prinzessin Irene, am 4. November 1923 dem Berge einen
Besuch ab, den sein Sohn, Prinz Sigismund, bereits 1907 er=
klommen hatte. Prinz Albrecht, Regent von Braunschweig, hat den
seinem Herrschbereich so nahen Gipfel anscheinend nicht betreten,
sein Sohn, Prinz Friedrich Wilhelm mindestens zwei Mal. Beson=
dere Erwähnung verdient der einundsiebzigjährige Prinz Alex=
ander, ein Urenkel König Friedrich Wilhelms II., der am 9. No=
vember 1891 seinen Namenszug in das Fürsten=Gästebuch des
Brockens eintrug, während sein Bruder, Prinz Georg, schon drei=

36

zehnjährig, am 30. August 1839 auf dem Gipfel geweilt hatte. Das Haus Wittelsbach ist nur durch den Besuch des Prinzen Leopold von Bayern, des späteren Oberkommandierenden der Ostfront, am 8. September 1907, vertreten; das Haus Wettin garnicht. Dagegen haben seit 1860 den Brocken besucht: 10 Mitglieder des Anhaltinischen Herzogshauses, 7 des großherzoglich Mecklenburgischen, 4 des großherzoglich Oldenburgischen, 4 des fürstlich Schwarzburgischen, 2 des fürstlich Waldeckschen und 2 des landgräflich Hessischen Hauses. Die alte Verbindung des Welfenhauses mit dem Vater Brocken ist am 5. August 1924 durch die jugendlichen Herzöge Ernst August und Georg Wilhelm zu Braunschweig-Lüneburg wieder aufgefrischt worden. Als Verlobte konnten sich vom Brockengipfel aus am 12. Juli 1884 Prinz Heinrich XXVIII. Reuß und Gräfin Magdalene zu Solms-Laubach empfehlen. Eine Jugendbekanntschaft hat die dichterisch hochbegabte Fürstin Eleonore Reuß j. L., geborene Gräfin zu Stolberg-Wernigerode am 17. Juli 1895 erneuert. Seit 34 Jahren weilte sie zum ersten Mal wieder auf dem Hochgipfel der heimischen Berge:

„Von duftigem Nebel halb verhüllt,
Malt goldene Sonne manch' lieblich Bild,
Und durch der Erinnerung Schleier gesehn,
Wie ist die Heimat der Jugend so schön."

Die Tochter der Fürstin Eleonore, Prinzessin Klementine Reuß j. L., konnte am 2. Oktober 1916 das Jubiläum ihres fünfzigsten Besuches auf dem Brocken begehen.

Das ist freilich eine Höchstzahl, die aus dem Kreise des deutschen hohen Adels nur Mitglieder des Hauses Stolberg-Wernigerode erreicht und überschritten haben. Dem regierenden Grafen Henrich läßt sich die Zahl seiner Besuche nicht mehr nachrechnen. Jedenfalls aber betätigte er mannigfach sein Interesse an dem Gipfel. Nicht nur, daß er die Baulichkeiten auf dem Gipfel verbesserte, auch die Teilnahme seiner Vorgänger für die naturwissenschaftlichen Beobachtungen teilte er; die Gelegenheit einer kurzen Reise nach Hannover benutzte er, um dort beim besten Optiker ein Barometer für die Wetterbeobachtungen zu bestellen. Von seinen Söhnen erwies Graf Botho, der 1854 — 58 für seinen Neffen, den späteren Fürsten Otto, die vormundschaftliche Verwaltung führte, dem höchsten Gipfel der alten Harzgrafschaft große Anhänglichkeit: er hat 65 Besuche verzeichnet.

Der regierende Graf, spätere Fürst Otto ließ anstatt des am 22. Juli 1859 abgebrannten Brockenhauses alsbald ein neues, das jetzige Gasthaus errichten, und im Laufe der Zeit mehrfach erweitern. Fürst Otto hat, trotz seiner Tätigkeit im Dienste von Staat und Reich als Oberpräsident, Botschafter und Vizekanzler, doch in allen Epochen seines tatenreichen Lebens Zeit gefunden, den Brockengipfel aufzusuchen. Das Richtfest des neuen Brockenhauses 1860 war für ihn schon der sechsundzwanzigste Besuch. Am 10. September 1895 weilte er zum sechsundfünfzigsten Male oben; er war mit seinem Oheim, Graf Theodor zu Stolberg-Wernigerode, seinem Vetter, Graf Theodor Schlieffen, dem älteren Bruder des späteren Generalstabschefs, und seinem Neffen Prinz Heinrich XXV. Reuß j. L. von Schierke aus zu Wagen hinaufgefahren. Es sollte seine letzte Brockenfahrt sein, wenige Tage darauf zeigten sich die Symptome der Krankheit, denen Fürst Otto allzufrüh erlag.

Der gegenwärtige Herr des Brockens, Fürst Christian Ernst, hat am 10. August 1868 mit seiner Mutter, der Fürstin Anna, dem Bergkönig seinen ersten Besuch abgestattet; drei Kreuze ersetzten damals noch den Namenszug, den er beim zweiten Besuch, am 16. Oktober 1871, eigenhändig eintrug. Am selben Tage weilten seine älteren Geschwister, Prinzessin Elisabeth und der verewigte

38

Prinz Hermann zum erſten Mal auf dem Gipfel. Erſt nach ſechs=
jähriger Pauſe folgten die Beſuche der jüngeren Geſchwiſter: Prinz
Wilhelm (9. Auguſt 1877), Prinzeſſin Marie (27. September 1878)
und Prinzeſſin Emma (27. September 1882). Seine Gemahlin,
Fürſtin Marie, hat Fürſt Chriſtian Ernſt zum erſten Mal am 24. Ok=
tober 1891 auf den Brocken geleitet; er ſelbſt konnte am 3. Juli
1913 durch einen Ritt von Schierke herauf das Jubiläum ſeines
fünfzigſten Brockenbeſuches begehen, den von ſeinem Großoheim
Graf Botho geſchaffenen Rekord von 65 Beſuchen erreichte er am
10. November 1924. Die Tochter des Fürſtenpaares, Prinzeſſin
Juliane, weilte auf dem Gipfel zum erſten Mal am 13. Juni 1905.
Erbprinz Botho hat am 4. Auguſt 1899 zum erſten Mal auf dem
Brocken geweilt, der erſte gemeinſame Beſuch mit ſeiner Gemahlin,
Erbprinzeſſin Renata, war zugleich ſein eigenes fünfundzwanzigſtes
Brockenjubiläum. Prinz Wilhelm, der Bruder des Fürſten, iſt am
25. Juli 1911 zum erſten Mal mit ſeiner Gemahlin, Prinzeſſin
Eliſabeth Donata, am 27. Auguſt 1919 mit ſeinem Sohn, Graf
Ludwig Chriſtian, auf dem Brocken geweſen. Außer den genannten
Mitgliedern des Hauſes Stolberg=Wernigerode weiſt das ſeit 1860
geführte Fürſten = Gäſtebuch des Brockens noch vierundzwanzig
Träger des erlauchten Namens auf.

Als Verwandte und Befreundete des Hauſes haben zahlreiche An=
gehörige ſtandesherrlicher Häuſer den Gipfel beſucht, außer den
ſchon oben genannten Geſchlechtern in ihren verſchiedenen Linien
ſind darunter die Häuſer Caſtell=Caſtell und Caſtell=Rüdenhauſen,
Bentheim=Steinfurt, Ratibor und Corvey, Rechteren=Limpurg, Salm=
Horſtmar, Schoenaich = Carolath und Werthern = Beichlingen ver=
treten.

Begründer eines Fürſtenhauſes war Otto v. Bismarck=Schönhauſen,
der am 10. Juni 1832 mit Göttinger Studenten und am 29. Juli

Goethe

1846 mit einer frohen Reisegesellschaft den Brocken bestieg, unter der sich die künftige treue Gefährtin seines Lebens, Johanna v. Putt= kamer, befand. Hat Bismarck auch als Fürst und Kanzler des Deutschen Reiches auf dem deutschen Berge geweilt? Das Brocken= buch von Harweck=Waldstedt führt nach den jetzt leider verschollenen Fremdenbüchern von 1875 — 87 die bemerkenswerten Besucher an, darunter in augenfälliger Umrahmung: „von Bismarck 4. August 80." Die offenkundige Annahme des Herausgebers, daß dies nur der große Staatsmann sein könne, ist aber irrig; denn der weilte

Bismarck

damals in Kiſſingen zur Kur — und an zwei Orten zugleich körper=
lich gegenwärtig zu ſein, war ſelbſt einem Bismarck nicht möglich.
Die Namenseintragung von Bismarcks europäiſchem Gegenſpieler
„Louis Napoléon", 1873, iſt zweifellos eine ſcherzhafte Myſtifika=
tion. Der Vater Brocken hat auch darin ſeinen deutſchen Charakter
erwieſen, daß er ſeit der Ausräucherung des weſtfäliſchen Königs
franzöſiſcher Herkunft niemals wieder den Beſuch eines auslän=
diſchen Fürſten annahm!

Verlaufen im Schneesturm

Brockenwinter
Von Dr. A. Defner-Innsbruck

Meine Wiege wurde nicht im Harz geschaukelt. Sie stand in ei=
nem behäbigen Bürgerhause eines kleinen Ortes am südlich=
sten Rande deutschen Landes. Der Ort lag an einem See. Um den See
standen lauter Berge. Die hatten keine schroffen Felswände, waren
aber doch alle mehr als doppelt so hoch wie der Brocken. Von ihren
Gipfeln sah ich schon als Kind die hohen Gletscherberge. Diesen ge=

42

hörte in allen späteren Jahren meine ganze Liebe. Sie gaben mir dafür die ewige Treue. Ich habe mit ihnen viel gestritten, schwer gekämpft, oft auf Leben und Tod. Sie waren immer anders und immer gleich. Sie haben mich nicht vernichtet, denn — ich kannte sie. Sie schenkten mir die herrlichsten Stunden meines Lebens. Daß ich in ihnen geboren, ist Zufall — meine Eltern und Voreltern könnten ja auch an der Nordsee gesessen haben. Daß ich die Berge liebe, hat kommen müssen. So geht es mit allem, das uns begegnet, wenn man es nur als groß und schön erkannt hat. Es müssen nicht die Eisberge sein, auf die sich das Erkennen bezieht, auch die große Kunst, einzelne Menschen — auch der Harz.

Von den Bergen allein will ich reden. Vom Brocken soll ich erzäh= len, besonders vom Brocken im Winter. Was mir meine Heimat= berge gegeben, ist unauslöschlich. Während ich dies schreibe, sitze ich wieder zu ihren Füßen. Zu ihnen bin ich wiedergekehrt in treuer Liebe. Als Bergmensch sah und sehe ich den Brocken, sehe ihn im Spiegel dieser Berglerseele und will versuchen, so von ihm zu er= zählen, so gut ich's eben kann.

Schon als Kind stieg ich zu Berge, auf unsere Zweitausender=Gras= mugel. Von diesen Höhen erblickte ich die Eisriesen und hörte die alte Sage von der übergossenen Alm. Schaudern erfaßte den Jun= gen. Und trotzdem die Frage: „Kann man auch da hinauf?" Die Frage wurde zur Tat — oft und immer wieder. Bald war es schwie= riger Kampf, bald schauriges Frieren in eisiger Beiwacht, bald angst= voller Abzug vor größerer Gewalt, bald seliges Ruhen nach sicherem Sieg. Sommer und Winter waren wir Freunde. Harten Fels griff sommers die Faust, in steilem Eis ward Stufe um Stufe. Hart war die Arbeit, aber selig das Schauen, selig von oben hinüber zu an= deren Bergen, hinunter ins sonnige Tal — selig von unten um= bettet vom streichelnden Gras, umduftet von lachenden Blumen.

43

Und winters! Schellenumklingelt das einsame Hochtal hinauf. Winternacht — droben tausend um tausend funkelnder Sterne, herunten dies engichte Tal, die letzten Häuser im Schnee tief geduckt, ein Vorhang, durchleuchtet vom Lichte der letzten, der einsamsten Menschlein. — Müh'loses Schreiten im federigen Weiß, dampfendes Stapfen den Bergwald hinauf. Dann oben die Weite der Alm, freier der Blick, frei nun die Wegwahl: steil oder flach, rechts oder links, ganz wie du's willst. Immer aufwärts. Waldgrenze! Habt Ihr sie erlebt die herrlichsten der Bäume, die letzten trotzigen Wächter adligen Hochwuchses, wetterzerzaust, zersplittert und verbogen, aber ewig aufrecht und treu — die Zirben! Endlos scheinende Mulden hinauf, dann der Kamm, Freiblick. Schließlich der Grat und der Gipfel: Schauen und Schwelgen in Sonne und Licht und Luft — Luft überall, Luft oben, Luft unten, Luft rechts und Luft links. Nur ein kleiner Zipfel, auf dem du stehst. Auch das nicht Erde, auch der vom flaumigen, weichen Daunenschnee mit tausend kleinen Tochtersonnen. Nur a kloans Ruckerl von unten, denkt man, und man ist schwerlos, schwebt aufwärts immer weiter, höher, seliger. Und dann — angeschnallt, klar zur Fahrt! Erst vorsichtig mit Gestemme und Geholpere, aber dann — wenns lautlos wird unter den Hölzern, wenn dir von hinten die Staubwolke in den Nacken schlägt, wenns windelt um die Ohren, wenn die Höslein flattern — schon ist's kein Windeln mehr, es ist ein Brüllen um die Ohren. Du stehst nicht mehr auf deinen Brettern, kriechst ganz zusammen, so wie die Dohlen ihre Schwingen ganz anlegen, wenns im Sturzflug geht — fahren — was fahren! Du stehst, alles andere fliegt, fliegt dir entgegen, die ganze Welt ist auf der Walze.
So wars oft und oft in meinen Heimatbergen. Nun sitze ich ihnen wieder zu Füßen und denke an meinen Harz, auch meinen Harz. Da saß ich oft — wochenlang im ewigen Grau — alles grau in

44

Grau, ob nun die Luft von Osten kam, wobei immerzu Schnee-flinserl fielen, was sie da unten auch schneien nennen, wenn auch die Schneedecke, wenns eine Woche lang geflinserlt hat, nur um 1 cm höher geworden, oder obs von Westen zog und dabei nieselte und alle Bäume weinten, immer, immer war es grau in Grau. Es paßte so zu meiner Stimmung und es ward immer grauer auch in mir drinnen. Die Arbeit ging nicht recht vom Fleck und nichts ge-schah. Ich stierte dann zum einen Fenster und zum andern raus. Wohin die Wolken ziehen? Wolken? Alles grau in Grau. Dann ging ich hin zum Barometer und klopfte mit nervösem Finger dran — nichts. Und wieder hin zum einen Fenster und zum andern — wie die Wolken ziehen — Wolken? Und immer so und immer so — durch Wochen.

Aber eines Morgens wach ich auf. Da ist so ein merkwürdiges Singen ums Haus. Die Augen reiß' ich vollends auf und den Vor-hang zurück. Dann wieder die schmerzenden Augen zu und dann: im Nachthemd raus und hin zum Barometer. — Ruck ist der rauf! Draußen ist alles noch grau, aber doch viel heller. Ich weiß es: heute wird's, heut kommt die Sonne wieder. Dreiviertel Stunden später werf ich vor der Gartentür die Hölzer in den Schnee und schlapfe los. Steiler Buchenwald am Beerberg macht schwitzen. Aber oben dann am Hippelkamm — eins zwei hopp, eins zwei hopp. Herrlichstes Pulver. Da droben auf dem Hohnekamm da balgten sich die Nebel, auch über mir am Himmel, aber unten in Wernige-rode, da wanderten die Sonnenkleckse. Bald grellten sie am Schlosse auf, bald leuchtete ein Haus. „Die Sunn, die Sunn!" Und weiter gings im Dreiertakt. Da, wo der Hippelhangweg aus dem Tal der Renne kommt, blieb ich rechts am Waldrand: da stand er, der Brocken, nicht ein einziges graues Fleckchen dran, eine Symphonie in Weiß. Lange steh ich, gestützt auf die Stöcke, schaue und schaue und komme nicht los von dem Bild. Es ist ein eigen Ding um diesen Berg. Launenhaft ist er, der Alte, noch schlimmer sein Weib, das Wetter. Er kann so zahm sein und so strahlend und wieder schrecklich aufgeregt und wild. Dann kann er poltern und fauchen und toben, wie ein wildes Tier. Er ist aber auch so hochnäsig und exklusiv und will weitum niemanden gleicher Höhe neben sich dulden. Warst du schon oben an einem Tage mit der berühmt weiten Fernsicht, wo man die Türme des Magdeburger Domes sieht? Auf alles sieht man dann herab und sieht nichts Imponierendes. Ich mag diese Gemüts= verfassung des Alten nicht. Mir ist er lieber, wenn er tobt, wenn Krieg ist in seiner Ehe.

Aber ich will ja weiter. Mittlerweile war die Sonne durchgekommen. Schon schwitzte auch der Schnee. Mit leisem Knistern fiel des Waldes weiße Pelzverbrämung nieder. Das „Trümmerfeld" aufwärts ging mein Weg und dann des „Landmanns" Zauberreich entgegen. Wie oft war ich da, sommers und winters, meistens allein, manchmal mit andern, stets mit Verschwiegnen. War laute Menschheit mit dabei, ging ich drumrum. Nur wenige kennen dich, und fänden sie auch hin und kämen durch, schon wärst du weg, denn die sind da. Heut bist du wieder da. Ich will auch brav sein, zart und still. Mit aller Vorsicht kriech ich durchs Geäst, dein feingefügtes Kunst= werk ja nicht zu berühren. Doch meine Spur! O, daß ich schweben könnte! Doch was ich tun kann, soll geschehn. So schön ich's kann, zieh ich sie durch. Ich seh zurück — nicht Trampelschritte sind es, regellos und wirr. Als feine Doppellinie zieht sie herauf, sie paßt nicht übel zu des Urwalds hohen Säulen. Die nord'schen Götter liefen selber Ski!

Beseligt komm ich raus, wo wieder Jungwald steht, von Menschen= hand in Reih und Glied gepflanzt. Hier die Schneise mit dem Brockenblick. Wo ist er hin? Tarnkappe über? Schon wieder?

46

Irgendwo links führt der Glashüttenweg. Ich bleibe am Kamm. Hier faßte mich der Wind, pfiff stetig, unbarmherzig durch und durch, durch alles. Leises Rieseln wandernden Schnees. Siehst du vor dich, ist der Boden lebendig. Kleine Tannen und Felsenblöcke verschwinden im fliegenden Schneestaub. Und hinter mir die Spur ist weg, kaum daß ich sie gezogen. Dem Hochwald lauf ich zu — dort ist es warm. Weiße Marmorsäulen, darüber ein Dach, kaum da und dort ein kleines Loch, durch das der Himmel sieht. Leises Schwanken der Stämme — sie ächzen und stöhnen und wissen wohl nicht — wie schön sie sind.

Ich fahre hinunter ins Jakobsbruch. Da ist auch der Glashütten= weg und ist auch Spur, regelloses Geleise zwar, und doch bin ich froh, denn tief war der Schnee und mancher Tropfen Vorspurschweiß war heute schon von meiner Stirn geronnen. Oh Ihr Schneeläufer, habt Ihr denn wirklich keinen Sinn für eine richtige schmale Doppel= spur, die mit Verstand und mit Geschmack ins lockere Weiß gezogen dem Auge wohltut und auch gute Fahrt gewährt? Wie könnt Ihr so den weichen, weißen flaumigen Schnee zertrampeln, der alles Eckige rundet und so weich und zart die Erde deckt? Verärgert schlapf ich weiter. Der Himmel war auch grau geworden. Nebel fiel ein. Gerne verließ ich am Brockenbett den Herdenweg der Brockenstraße. Rechts bieg ich ab hinaus aufs Moor. Auf heimlichen verschwiegenen Pfaden gings der Heinrichshöhe zu. Oben tret' ich ins Freie, da faßt mich wieder der Sturm. So steig ich nicht den Brocken=Ost= hang rauf. Links hinüber zur Straße zieh ich die Spur. Hier wars ganz ruhig. Mit leisem Singen zogen die Bretter durchs lockere Weiß. Tiefe Dämmerung, dichter Nebel. Schläfrig zog ich weiter, müde vom Steigen, müde vom Schauen. Wie Blei lags in den müden Gliedern. Da wurden auch alle die Tannen zu reinen Traum= gestalten. Wie Geister in weißen Faltengewändern zogen sie lang=

sam, ganz langsam durchs Halbbewußtsein – Brockens Winter-
schlafzauber hält mich umfangen. Ab und zu fährt ein Windstoß
um die Traumgestalten und rüttelt ihr Bewußtsein etwas wach.
So auch mich, da, wo die Straße den engen Bogen macht, doch nur
so viel, daß ich weiß, nun geht es rechts. Dann schlummerschlapften
meine Hölzer wieder weiter ihren Takt. Am „Knochenbrecher"
hielt ich an Ja so, ach ja – nein lieber rechts die Straße, links
ist's so steil. Wie ich so stehe, wirds mir komisch taumelig. Bäume
tauchen auf, verschwinden wieder, wieder sind sie da, bewegen sich
schaukelnd und schwankend, sind dann wieder weg, dann wieder
da, bald schief, bald grade, erst deutlich, dann verschwommen. Und
auch der Boden schwankt. Was ist's? Der ganze Brocken taumelt.
Erdbeben? Gibt's doch nicht. Ist mir denn schlecht? Ich bin doch
wohl und ganz gesund – nichts tut mir weh. Dann seh ich ganz
gespannt und schwer erregt : es ist dasselbe Schaukelspiel. Ich will
nun weiter. Beim ersten Gleitschritt fall ich um. Wie nun? Was
wars? Ich reiß mich hoch mit aller Wucht. Zorn und Wut. „He,
Halloh!" „Ist jemand da?" – Nichts, alles still. Nur das Sausen
des Windes, das Knarren der Eisgepanzerten. Nun sah ich plötzlich
klar: Wieder waren die Rauhreiftannen da, verschwanden wieder,
waren wieder da – aber anders. Nun seh ichs richtig: die Tannen
standen still, jedoch die Nebel, die bewegten sich und zogen in dich-
tern und in dünnern Schwaden vorbei. Na ja, alles ist relativ.
Langsam schlapfe ich weiter. Bald bin ich wieder eingelullt von
Nebeln und von Schläfrigkeit. So kam es, was ich nie geglaubt:
ich meinte jeden Baum und Strauch und Stein auf diesem Berg
zu kennen und verirrte mich. In meiner müden Schläfrigkeit stieg
ich bergan und merkte kaum, wies dunkler wurde, schließlich raben-
schwarze Nacht. Da war ich nun, umhüllt von Finsternis und sau-
sendem Sturm, eingeklemmt zwischen lauter kratzigem Zeug. Da

Im Winterkleide

wurde ich wach. Was half es! Die Brockenstraße hatte ich verloren.
Ich hatte keine Ahnung, wo ich war, sah nicht, gings hinauf, gings
hinunter, wo Ost ist und wo West, nichts, rein nichts, sodaß ich ratlos
stand: was nun? Hinauf? Ja, wo ist oben? Umkehren? Ja wo=
hin? Nach Schierke, Torfhaus, Ilsenburg? Aber wo liegt Schierke?
Also planlos irgendwohin, herumstolpern, bis ich das Brockenhaus
gefunden. Der Kasten ist so riesengroß. Kompaß raus! Es ist un=
möglich, ein Streichholz anzustecken. Also einfach geradeaus weiter!
Bums, da lag ich schon in einem großen Loch — ich merke nur kopf=
runter. In Ruhe taste ich alles ab — ein Windloch ist's bei einer
Rauhreiftanne. In ihrem Astwerk oben, höher als mein Kopf
sind die Skier so verklemmt, daß ich wie gefesselt liege. Also ab=
schnallen! Endlich bin ich raus. Die Riemen sind aber so gordisch
verknotet, daß ich die Bretter nicht mehr anschnallen kann. So,
auch das noch. Also Hölzer unterm Arme weiter. Wohin? Na eben

Rauhreiffichten

geradeaus, irgendwohin. O wunderlicher Hexensabbat, verfluchte
Narrheit wie Walpurgisrummel! Ich torkle hin, ich taumle her,
heulender Sturm reißt mich herum, bald fegt er von vorn, bald von
hinten, bald von rechts und bald von links, ich bin gekratzt, ge-
bissen, geohrfeigt von allen Seiten. Der fliegende Schneestaub ists.
Dann wieder gebufft — eine Rauhreiftanne, an die ich stieß. Eine
bekrallte Teufelsfaust faßt mich mitten ins Gesicht — au, wie das
schmerzt — ich hau um mich in größter Wut. Ich Narr, der Zweig
einer Brockentanne. Wenn nur der Sturm nicht wäre, der mich ra-
send macht, und diese absolute Finsternis. Da, fürwahr, ich seh es
genau, ein Lichtschein. Er wird heller, wieder dunkler, wandert,
schwankt. Doch die wunderlichen Geister um mich rum sind selber
Wandrer und bewegen sich. Verfluchtes Gaukelspiel! Ihr Brocken-
geister, auf zum Tanz! Wie Ihr auch seid, ich nehm es auf mit
Euch. Nun geht es los. Ich faß' den ersten unterm Arm und

50

schwinge mich zum nächsten hin. Ich sehe sie genau. So immer weiter, alle durch. Dann stehe ich alleine. Vor mir freies Feld und heller Schein. Schnell hin zu ihm und mags der Oberteufel sein. Ich komme näher. Ach wie schön! Ein wunderlicher weißer Thron — an einer Stelle leuchtet er.

Nun, dieser Thron war — die Wasserpumpe des Brockenhauses. Und der Oberteufel — der Maschinist. Er war vom Brockenhaus mit der Laterne gekommen, die Pumpe abzustellen. Nun war ja alles gewonnen, dacht ich mir. Da oben liegt das Haus. Der Mann ging auch gleich mit. Er stapfte voraus mit dem Licht, ich hinterher. Wir stapften lange, viel zu lange, schon gings bergrunter. „He Sie, mein Lieber, das kann nicht stimmen." „Ja ja, wir sind vorbeigelaufen." Wieder hinauf, lange, viel zu lange, wieder gings bergrunter. So noch öfter, lieber Leser. Endlich sahen wir durch den fliegenden Schneestaub ein weißes Haus, dick in Rauhreif eingehüllt — das Wolkenhäuschen. „Nu weiß ich Bescheid," rief der Mann und rannte davon. Ganz falsch, das sah ich gleich aus dem Rauhreifansatz. Aber schon war er weg. Ich mußte ihm nach, aber immer war er schneller als ich mit meinem schweren Rucksack und den Brettern unterm Arme, in denen sich der Sturm fing. So kam es, ob Ihrs glaubt oder nicht: nach langer Irrfahrt kamen wir wieder zum kleinen Wolkenhäuschen, nie zum Brocken-Riesenkasten. Und wißt Ihr, wie wir den gefunden? Ich hatte mit fliegendem Atem den Laternenmann wieder einmal eingeholt und wurde nun sacksiedegrob über dieses sinnlose Gelaufe. Während ich so schimpfe und ein paar Schritte gehe, reißt mich der Sturm, der sich in meinen Brettern fing, wieder einmal rum. Da stoßen die Hölzer an etwas Hartes. „Hier ist etwas." „Wo" schreit der Mann, reißt sich rum: klingling, Laterne kaput, Licht aus. Schon hatten wir aber zugegriffen und -- hatten das Brockenhaus in den

Händen und tasteten uns nach dem Gemäuer fort. Lange wußten
wir nicht, an welcher Seite wir gelandet. Dann aber sahen wir,
daß wir von hinten an die Stallungen herangekommen. ³/₄ 10 Uhr
wars, als wir eintraten, wie Nordpolfahrer über und über mit
einer dicken Rauhreifkruste überzogen. Wo ich überall meine
wunderlichen Kreise gezogen, ich weiß es nicht. Ich war der einzige
Gast, alle dienstbaren Geister schon zu Bett. Aber trotzdem, der gute
alte Hausgeist Vogt, mein lieber Freund, schuf Rat. Das schmeckte!
Dann schlief ich wie ein Eisbär.

Am nächsten Morgen das gleiche Schnee- und Sturmgetanze um die
Kuppe. Ich war wütend, wütend vor allem, daß er mich gestern
so genarrt und kleingekriegt. Warte Schuft, ich vor dir am Bauche
kriechen und mit der Nase im Schnee? Raus mit den Brettern und
herumgetobt wie ein Wilder! In Schlittschuhschritten hinunter
nach Ost, über jede Schneewelle drüber weg mit angeschnellten
Knieen. Rein in die Rauhreiftannen, Schwung auf Schwung durch
alle Gassen durch, daß es staubte. Eins zwei war ich unten an der
Bahn — drüber raus im Schuß und einen Quersprung vor die
Tannen. Schuft — mußt du's nun leiden? Wer treibt jetzt sein
Gaukelspiel? Du oder ich? Wieder rauf auf die Kuppe! Den
Nordhang rein, in staubenden Schwüngen runter zur Bahn, drüber
weg und im Sauseschuß hinab zum kleinen Brocken, hopp, hopp,
hopp immer halb in der Luft über die Schneedünen weg. Und
wieder rauf! Und runter getobt zur kahlen Klippe, links rein durch
den Zauberwald zum Schmidtweg, die große Moorfläche runter,
durch die Riesentannen durch zum langen Hai und nun wupp, wupp,
wupp die Schwünge um die Stuken und Blöcke geschmiert. Herrlich!
Brocken, ich bin nun Herr und treibe meinen Spuk mit dir.

So kann er sein, der Alte. Ich kenne dich auch anders, nie bist du
gleich. Immer bist du anders gelaunt, immer zeigst du ein andres

52

Gesicht. Dann ist es auch in mir anders. Das ist das Schöne an dir. Du stehst so einsam und erhaben mitten drinnen in der endlosen Ebene und nicht weit vom Meer. Da mußt du alle Launen und Tücken des Wetters über dich ergehen lassen, das so flatterhaft ist wie eine Romanin.

Ich war bei dir oben, als der Himmel wolkenlos blaute, die Hügel und Kuppen und Kämme so unglaublich klar, daß in Hohegeiß, das so weit auf der freien Hochfläche liegt, jedes einzelne Haus erkennbar war. Am Bruchberg sah man jedes Bäumchen und vom Kyffhäuser schaute das Denkmal herüber. Über der weiten Ebene lag der noch weitere Nebelozean. Der Rauch der Pfeife stieg in immer größer werdenden Ringen zur Höhe – so unendlich ruhig war die Luft. Da war's auch in mir ruhig. So abgeklärte Harmonie lag über der Seele, als gäb' es nichts als eitel ruhigen Sonnenschein in göttergleicher Menschenbrust, als stände man über allem Irdischen und lenkte die Welt nach ewigen unabänderlichen Gesetzen als ruhender Punkt, Energiezentrum – Gott. Der Schnee war auch so pulverig, glatt und willig. Nur ein kleiner schwacher Vorsatz dahin, dorthin und die lieben Hölzer liefen, pfiffen, brausten. Mühelos kraftvoll glitt man, flog man durchs Land.

Und ich war oben, da ächzten und krachten die Tannen im stürmischen Toben. Und schwarze Wolkenbänke umdunkelten des Tages Leuchten. Und wieder lachte die Sonne. Lichter und Schatten, Finsternis und Helle, Ruhe und Toben ewig wechselnd. Da wurde alle Pein lebendig und höchste lachende Lust, alle Tonarten, die des Menschen arme, dumme Seele plagen. Auf freier Blöße pappte der Schnee und forderte alle Kraft, wollt' man nicht verzweifelnd erlahmen. Und im dichten Walde glitt es mühelos, als wär' alles nur tändelndes Spiel.

Und ich war oben, da lag warme Frühlingssonne über dem Land.

Die Ebene verschwamm im bleiernen Dunst und alles Nahe war fern, die Täler und Höhen verschleiert. Frühlingsmüdigkeit lag wie Blei in den Gliedern, faule Weichheit kraftlos in der Seele. Und der Schnee war patschig, glitschig, naß und weich.

Und wie verschieden bist du nach den Jahren. Ich weiß einen Winter, Verrückteres erlebt' ich nie. Im November und Dezember friert es wie nicht recht gescheit und schneit wochenlang bei zwölf Grad Kälte. Und Eis und Rauhreif an allen aufragenden Gegenständen wachsen und wachsen und reißen alle drahtlichen Verständigungseinrichtungen der klugen Menschheit zuschanden und demütigen die armen zarten Birken, bis sie mit einem ins Mark dringenden Aufschrei zer= brechen. Und dann: bevor wir unseren Weihnachtsbaum brennen, unbewußt Baldurs Wiedergeburt zu ehren, schmeißt die Wetterfrau um und bläst warmen Hauch übers Land, daß alle Rauhreifwunder weinend zerfallen, und rüttelt und tobt an den schwerbeladenen Hochwaldtannen, daß sie furchtbar krachend und splitternd reihen= weise stürzen. Bis hinauf zu Brockenvaters Scheitel ist auch das letzte Fleckchen Schnee fein säuberlich verschwunden, und die Schmelz= wasser gurgeln und rumoren, und herunten im Tale geht es den Weidenkätzchen zu Leibe. Und die armen dummen Haselsträucher legen ihren Spitzenbesatz an und jedes solche baumelnde Bindfädchen plustert sich auf, läßt sich vom warmen Winde schütteln und schüttet und schüttet in brünstiger Narrheit all seinen Ewigkeitsdrang aus und ist doch ein armer veräppelter Narr. Denn bald darauf bläst die Wetterfrau wieder eisig aus Ost und wirft Schnee herab, und bläst aus Süd und leckt ihn wieder weg, und bläst aus West und wirft dem Brocken den weißen Mantel um und schüttet dem Tal= philister die Regenwasser ins Genick, dreht ihm den Schirm um, und bläst aus Nordwest und wirft Schnee bis ins Tal. Dann glauben einige „Skiheiler" es sei Winter und holen die langen Hölzer aus

54

der Ecke. Und nach dem ersten Versuch an der nächsten Wiese kehren sie wieder um und schimpfen. Und in der Zeitung steht: „Ein Paar Ski fast neu billig zu verkaufen“. Die Zünftigen aber wissen es besser. Was schert sie Regen, was schert sie Sturm. Triëder zur Hand, bergwärts der Blick! Reißt oben irgendwo im Nebel ein Loch und sehen beschneite Tannen durch, dann schultern sie die langen Hölzer und ziehen munter brockenwärts. Oft hat er mich genarrt, doch auch die Narrheit fand ich schön. So manchmal, wenn ich oben er= wacht, schaute ich morgens durch eislose Fenster. Was macht's. Dann zog ich mir die Daunendecke bis über den Schopf – und schnarchte bis um zehn. Dann fuhr ich zu Tal. Der Regen klatschte mir ins Gesicht, rann über die Stirne, tränte aus den Augen, machte einen Nasenbrunnen. Und das Wasser lief mir im Munde zusammen, rann durch den Hals, rann über den Rücken, den Bauch und rann und rann, und ich rannte auch – den Rennekenberg hinunter und zu Fuß dann rannte ich die Renne hinaus mit der Renne um die Wette springend und polternd – und naß mit der Renne um die Wette. Und die Meisen sangen mir nach: Zizipe, Zizipe, Zizipe. Und in Hasserode in den Vorgärten da blühten die Primeln und läuteten die Schneeglöckchen – am 24. Januar 1921. Verrückte Welt – und doch so schön!

Drei Tage später war ich doch wieder droben beim alten Brocken und tobte hinauf, herab und quer und krumm in lauter staubendem Pulver herum.

So sah ich den Harz, so lebt er in mir, wer könnt ihn mir entreißen. Durch eines meiner Fenster seh' ich Innsbruck liegen. Mitten durch die alte Stadt strömt der mächtige Inn, über dem breiten Talkessel stehen die Wände der Serles und Saile, zwischendurch führt der Weg zu den ewigen Gletschern. An der Wand hängt ein Bild der „bunten Stadt am Harz“ und wieder Brocken=Rauhreiftannen. Was

ist schöner? Müßige Frage. Wer könnte da vergleichen? In Braun=
lage hörte ich Bayern. Sie waren zur Skimeisterschaft gekommen.
„Wo san denn da die Berg?" Wie klug — kommen in den Harz
und suchen den Wetterstein, statt mit suchender Seele zu sehen, was
an dem Harze ist! Ihr seid so arm, Ihr seid so blind, Ihr wißt
nicht, was Euch im Leben verloren geht. Ich liebe meine Heimat=
berge, in Treue bin ich zurückgekehrt. Ich liebe auch den Harz,
auch er ist mein. Der Brocken weiß es: als ich ging, da sagte ich
auf Wiedersehn. Er sieht mich heute nicht, auch morgen nicht, aber
bald, und wieder, immer wieder.

Winterleben

Ruinen des Brockenhauses nach dem Brande am 22./23. Juli 1859
(nach einer Zeichnung von F. Obermann in der Leipz. Illustr. Zeitg. von 1859)

Die Geschichte des Brockenhauses
Von Geheimrat Dr. Carl Michaelis-Berlin

1. 1736—1743.

Graf Christian Ernst zu Stolberg-Wernigerode (1710 – 71) errichtete 1736 das erste „Brocken- oder Brunnenhäuschen" auf
dem Brockengipfel, dem der Amtskommissär und Brockenschriftsteller
Christian Friedrich Schröder (1750 – 1800) in Wernigerode, der von

1765 ab oft den Brocken bereiste, den Namen „Wolkenhäuschen"
gegeben hat, ein winziges Häuslein von viereckigem Grundriß und
einer Größe und Höhe, die jetzt von jeder hölzernen Schutzhütte im
Harz übertroffen wird. Es war aus Steinen aufgebaut, deren Fugen
Moos verstopfte, trug ein Schindeldach und hatte einen Rauchfang.
Bei bösem Wetter leistete es gute Dienste, und zur Not konnte man
dort auch auf Steinen und Bänken nächtigen. Es hat verschiedene
Male durch Brand Schaden gelitten und ist immer wieder hergestellt
worden.

2. 1743—1799.

Derselbe Christian Ernst, der das Wolkenhäuschen erbaut hat, er=
richtete 1743 auf der nach seinem Sohne benannten Heinrichshöhe
zwei kleine Gebäude, von denen das erste, ländlich aussehende, im
Sommer von einem Wirte bewohnte, für die Torfgräber, die im
Bruche arbeiteten, bestimmt war, aber auch ein Zimmer zum Nacht=
quartier für Fremde enthielt; das zweite, das für die gräfliche Fa=
milie vorbehalten war, faßte zwei Stübchen und schützte sich gegen
den Sturmwind ringsum durch einen bis zum Dache reichenden Erd=
wall. Bei Überfüllung des Torfgräber= und Fremdenhauses durfte
es ebenfalls als Gasthaus benutzt werden. Seit 1753 besaß das
Wirtshaus ein Fremdenbuch, in das als erster Graf Johann Chri=
stian zu Solms am 6. Mai 1753 eingetragen ist. Zwölf Tage zuvor
war Christlob Mylius, der Jugendfreund Lessings, auf dem Brocken=
gipfel gewesen, ohne sich einzutragen. Die Fremdenbücher des
Brockens haben, wie alle verwandten Einrichtungen, den Musen
viel Schmerzen bereitet. Unter unzählbaren Reimereien finden sich
einige wenige Dichtungsperlen, ab und zu ein erträglicher Einfall,
meist aber ist alles ungeheurer Schund und beweist, daß die Dicht=
kunst doch wohl keine allgemeine Menschen= und Völkergabe ist,
wie selbst Herder angesichts der Brockenbücher reuevoll eingestehen

58

würde. – Das gräfliche Haus auf der Heinrichshöhe brannte 1799 ab, das Torfgräberhaus wurde 1811 niedergerissen, nachdem die Torfstecherei, die nur ein minderwertiges Produkt lieferte, schon 1781 eingestellt worden war.

3. 1800—1859.

Im Jahre 1800 wurde ein vom Grafen Christian Friedrich auf dem Brockengipfel errichtetes einstöckiges Gasthaus eröffnet. Es war 130 Fuß lang, 30 Fuß tief, hatte 5 Fuß starke, innen hohle mit Füllmaterial ausgestopfte Wände und besaß 12 heizbare Zimmer, nämlich einen Saal, zwei Gastzimmer, 7 kleinere Logierzimmer und je ein Zimmer für den Wirt und für die Bedienung, außerdem eine Küche, eine Speisekammer, Keller, Böden und je einen Stall für je 6 Pferde und 8 Kühe. Seine Frontmitte überragte ein massiver runder Aussichtsturm von 30 Fuß Höhe. – In Erwartung auf den Besuch Königs Friedrich Wilhelm III. wurde das Brockenhaus im Jahre 1805 durch ein hölzernes Nebengebäude mit 3 Logierstuben am nördlichen Giebel und durch einen Stall für 16 Pferde am südlichen Giebel erweitert; in den Jahren 1835 bis 1837 mußte das sehr feucht und rissig gewordene Hauptgebäude renoviert werden, wobei die Hohlräume in den Mauern entfernt wurden und das Haus einfache massive Wände von 2¹/₂ Fuß Stärke erhielt. Bis 1840 wurde es mehrfach erweitert. Das hölzerne Nebengebäude am nördlichen Giebel war in der Nacht vom 4. zum 5. Juni 1835 niedergebrannt. Zunächst wurde nun der hölzerne Pferdestall am südlichen Giebel in zwei Logierzimmer umgewandelt, dann aber 1838 an Stelle des abgebrannten Nebengebäudes ein neues massives Wirtschaftsgebäude mit Waschhaus, Pferde-, Schaf- und Schweinestall erbaut. Im Jahre 1840 wurde der hölzerne zu Logierzwecken umgewandelte Pferdestall durch ein massives Stallgebäude ersetzt. Das Brockenhaus wurde auch im Winter bewirtschaftet. Der mit dem Brockenhause verbundene Turm mußte, weil er bedenkliche Risse bekommen hatte, im Spätherbst 1834 abgerissen werden. Statt seiner wurde 1835 beim Brockenhause ein eigener, freistehender, sehr solide gebauter, viereckiger 50 Fuß hoher, hölzerner Turm, der mit Bleiplatten belegt war und zu dessen Plattform eine Treppe von 58 Stufen hinaufführte, errichtet, der aber schon 1854/55 durch einen steinernen Neubau von 54 Fuß Höhe ersetzt werden mußte. Das gesamte Brockenhaus brannte in der Nacht vom 22. zum 23. Juli 1859 nieder.

4. 1859—1907.

An die Stelle des alten Brockenhauses trat der jetzige zunächst zwei= stöckige Bau, der zu Pfingsten 1862 vollendet war. Er wurde 1873 durch den neuen Restaurationssaal, 1889 durch den großen Speise= saal auf der Südwestseite, 1896 durch den Restaurationssaal auf der Südseite erweitert, nachdem er schon 1881 um ein Stockwerk erhöht worden war. So bot er mit seinen 80 Zimmern, 200 Betten und seinen Räumen zum Massenquartier Platz für viele Reisende, war aber trotzdem oft überfüllt. Der 1854/55 erbaute viereckige Brockenturm wurde 1889 abgerissen und 1891/92 durch den jetzigen runden Turm ersetzt. Im Jahre 1895 wurde das Observatorium hart am Brockenhaus errichtet, in dem Männer der Wissenschaft, wie Stade, Tieck, Brennecke und Müller treu ihres im Winter und bei Schneesturm besonders beschwerlichen Amtes gewaltet haben und in dem Friedrich Althoff einmal für den Mann, der das Lino= leum legen sollte, gehalten wurde. Im alten und neuen Brockenhause haben tüchtige, ihr Handwerk verstehende und um das Wohl ihrer Gäste bemühte Wirte das Regiment geführt: Gerlach (1800—34), Nehse (1834—50), Köhler (1850—75), Schwanecke (1875—95), Brüning und nach ihm seine Witwe (1896—1907), und das Haus hat durch die Brockenwirte als gastliche Stätte einen Weltruf erlangt.

Rudolph Schade

5. 1908—1926.[1])

Mit besonderem Eifer und Unternehmungsgeist hat der seit 1908 dort wirkende neue Brockenwirt Rudolph Schade sich des Brockens und der Pflege seiner Gäste angenommen.

Sofort nach Übernahme des Hauses wurde dies mit einer eigenen Gaslichtanlage und einer Zentraldampfheizung versehen. Seitdem ist die Feuchtigkeit, die alte Plage des Brockenhauses, aus ihm ganz entschwunden. Gelegentlich der im Jahre 1909 vorgenommenen Neu= und Umbauten wurde die Wasserspülung angelegt. Eine wesentliche Verbesserung des Betriebes brachte gleichzeitig die Einrichtung einer eigenen Bäckerei und Konditorei.

---

[1]) Ergänzt vom Herausgeber.

Bisher hatte der Brocken nur im Sommer Fernsprechanschluß, der alljährlich im Oktober abmontiert wurde. Im Winter 1908/09 legte der Brockenwirt auf eigene Verantwortung ein provisorisches Kabel bis unten ins Eckerloch, und erst als sich dieses glänzend bewährte, entschloß sich die Postverwaltung, einen dauernden Winteranschluß herzustellen.

Der Wassermangel des heißen Sommers 1911 gab den Anlaß zum Bau einer zweiten größeren Wasseranlage auf dem Wege nach Ilsenburg, die es im folgenden Jahre ermöglichte, nun auch eine eigene Dampfwäscherei in Betrieb zu nehmen.

Die versuchte Anpflanzung von Kartoffeln, Rüben, Suppenkräutern, Petersilie, Salat brachte zwar in den heißen Sommermonaten des Jahres 1911 einigen Ertrag; in normalen Jahren konnten die Pflanzen aber nicht ausreifen. Dagegen liefert der Brocken alljährlich eine einmalige sehr gute Heuernte.

Im Winter bot die Lebensmittelbeschaffung manche Schwierigkeit. Anfangs wurden sie durch Hausdiener oder mit Hundeschlitten von Schierke heraufgeholt. Der stärker einsetzende Winterverkehr veranlaßte 1913 einen Versuch mit Renntieren, die aber leider bald eingingen, weil der Krieg die Beschaffung ihres Futters, des Renntiermooses, aus Norwegen unmöglich machte. Seitdem sind Maulesel an ihre Stelle getreten. In den letzten beiden Wintern ist es auch gelungen, die Fahrstraße für Pferdeschlitten fahrbar zu halten. Seit 1923 haben sich ferner die im Riesengebirge so beliebten Hörnerschlitten eingebürgert. Zu den ständigen Brockenbewohnern gehören seit 1908 auch die Bernhardinerhunde. Die Ställe beherbergen Kühe und Schweine.

Die neueste Errungenschaft des Brocken ist der Anschluß an den Rundfunkdienst, und schon munkelt man von der Einrichtung eines Flugplatzes. Über tausend Personen können zu gleicher Zeit gespeist

werden. Wie dies Heft, so hat Prof. Rettelbusch auch das Brocken=
haus (Hexenklause, Fürstenzimmer, Hindenburgzimmer) im Laufe
der letzten Jahre mit ernsten und humorvollen Bildern stimmungs=
voll geschmückt.

So bietet das Brockenhaus heute Behagen und Komfort. Keller und
Kammern sind mit allen möglichen Schätzen so wohl gefüllt, daß
selbst der Verwöhnteste seine Befriedigung findet. Neues Leben ist
dort oben seit 1908 erwacht; es verrät die Arbeit eines tatkräftigen
Mannes und verspricht dem Brockenhause eine glänzende Zukunft.

Brockenidyll

Die alte Wetterwarte im Winter

Zur Geschichte der Wetterwarte auf dem Brocken
Von Geheimrat Prof. Dr. R. Süring-Potsdam

Es ist nicht verwunderlich, daß die sich auf dem Brocken abspie=
lenden großartigen Naturerscheinungen frühzeitig die Aufmerk=
samkeit der Gelehrten auf sich gezogen haben. Eine Brockengeschichte
ohne Erwähnung der Versuche, seine Witterungsverhältnisse zu er=
forschen, würde daher unvollständig sein.

Sieht man ab von den zahlreichen barometrischen Höhenbestimmungen
auf dem Brocken, die bis auf den berühmten Magdeburger Bürger=

64

meister und Physiker Otto von Guericke (1659) zurückreichen, so
haben wohl zuerst die farbenprächtigen Lichterscheinungen bei
Sonnenauf= und untergang und die reine Luft den Wunsch nach
einer Beobachtungsstation auf dem Gipfel geweckt. Aus dem acht=
zehnten Jahrhundert liegen verschiedentliche Mitteilungen über
solche Wahrnehmungen vor, und durch die um 1750 schon gebräuch=
liche Bezeichnung „Brockengespenst" hat unser Berg früh seinen
Namen in der meteorologischen Weltliteratur bekannt gemacht.
Das „Brockengespenst" ist ein bei tiefem Sonnenstand durch Licht=
beugung gebildeter Glorienschein, welcher den auf einer Wolken=
oder Dunstschicht sichtbaren Schatten des Berges und des Beobachters
umgibt. Der weit weniger gebräuchliche Ausdruck „Ulloas Ring"
kann — wenn überhaupt — höchstens einige Jahre älter als
„Brockengespenst" sein. Es darf auch nicht vergessen werden, daß
Goethe im Dezember 1777 optisch=meteorologische Studien auf dem
Brocken trieb und sie für seine „Farbenlehre" verwendete. Ein
Jahr vorher hatte der Genfer Naturforscher Deluc Beobachtungen
über die mächtigen Rauhreifbildungen auf dem Brocken angestellt;
die Ergebnisse sind in den englischen „Philosophical Transactions"
für 1777 veröffentlicht. Die klare Luft in der Höhe wollte der
Dichter Ludwig Gleim ausnutzen, als er 1769 zur Beobachtung
des Vorübergangs der Venus vor der Sonnenscheibe von Halber=
stadt aus den Brocken bestieg.

Der Gedanke an regelmäßige, wenn auch nicht das ganze Jahr
andauernde Messungen nahm bald nach den Befreiungskriegen
festere Gestalt an. Im September 1820 weilte der Major Karl
Wilhelm von Oesfeld, Dirigent der trigonometrischen Abteilung
des preußischen Generalstabes, einen vollen Monat auf dem Brocken
und machte stündlich von 6 Uhr früh bis 10 Uhr abends Barometer=
ablesungen. Dabei kam ihm ein in Gilbert's Annalen der Physik

Band 73 (1823) S. 440 veröffentlichter „meteorologischer Traum"
ins Gedächtnis über Ausrüstung der Universitäten mit meteorolo=
gischen Instrumenten und Organisation geophysikalischer Beobach=
tungen in ihrer Umgebung. Der Brocken wurde hierbei der Uni=
versität Halle zuerteilt. Aber solche Gedanken mußten für den Brocken
ein Traum bleiben, solange kein ständiger und zuverlässiger Beob=
achter vorhanden war. Ein solcher fand sich erst 1836 in dem
Brockenhaus=Administrator Nehse. Durch wen Nehse zu solchen
Messungen zuerst angeregt und hierin unterwiesen wurde, ist zweifel=
haft. Anscheinend hat dies der um die meteorologische Erforschung des
Harzes verdiente Braunschweiger Chirurg Heinrich Wilhelm Ludolph
Lachmann 1835 getan, denn mit 1836 beginnt die Beobachtungs=
reihe von Nehse. 1837 waren der Astronom J. H. Maedler und
der Gymnasialprofessor und Physiker Strehlcke aus Berlin oben,
und diese haben offenbar für bessere Instrumente und Dervoll=
kommnung der Beobachtungen gesorgt, denn am 2. Januar 1838
bittet Nehse den Grafen von Wernigerode um Genehmigung „hier
auf dem Brocken den Thermometerstand, Wind und Wetter und
übrige sich ereignende Merkwürdigkeiten zu beobachten" unter Be=
rufung auf Maedler und Strehlcke. Der Graf zeigte großes In=
teresse hieran und ließ bei dem Mechaniker Gumprecht in Hannover
ein eigens für die Brockenverhältnisse hergerichtetes Barometer
bauen. Inzwischen hatte aber Nehse schon von Oberstleutnant
von Oesfeld und Professor Maedler ein solches Instrument er=
halten. Nehse muß ein ausgezeichneter Beobachter gewesen sein;
er hat auch einen Aufsatz über den Brocken veröffentlicht[1]. Nach
seinem Fortgang im Oktober 1850 übernahm sein Nachfolger Köhler

---

[1] Nehse, der 1793 in Landsberg a. W. geboren ist, hat ein bewegtes Leben ge=
führt. Er war anfangs Landwirt, dann von 1811—1822 Soldat, wobei er ver=
wundet wurde, später abwechselnd Schullehrer, Gastwirt und Stadtsekretär. Von

die meteorologischen Messungen und führte sie gleichfalls recht sorg=
fältig bis zum März 1859 fort.

Inzwischen hatte das 1847 gegründete preußische Meteorologische
Institut die Überwachung der Brockenstation übernommen, fand
aber trotz vielfacher Bemühungen keinen geeigneten Nachfolger für
Köhler. Der Verkehr auf dem Brocken hatte stark zugenommen,
die Pächter selbst hatten weder Zeit noch Interesse, und das Gast=
hofspersonal war auch ungeeignet. 36 Jahre lang blieb der Brocken
— abgesehen von ganz kurzen Beobachtungsreihen — ohne mete=
orologische Station.

Zu Anfang der achtziger Jahre wurde die Wiedereröffnung der
Wetterstation erneut ernstlich versucht, und zwar sowohl auf amt=
lichem Wege durch den damaligen interimistischen Direktor des
preußischen Meteorologischen Instituts Dr. G. Hellmann, wie auch
privatim durch den damaligen Hallenser Privatdozenten und Vor=
steher der Magdeburger Wetterwarte Dr. R. Aßmann. Die amt=
lichen Bemühungen mußten versagen, weil das Personal auf dem
Brocken nicht für solche Messungen geeignet war; die sehr energischen
Versuche Aßmann's konnten aus dem gleichen Grunde nicht zu einer
dauernden Beobachtungsstation führen. Da aber Aßmann sehr
häufig den Brocken besuchte und dort grundlegende Untersuchungen
über die Struktur von Rauhreif und Schnee, sowie über Tropfen=
größe von Nebel und Regen anstellte, gelang es ihm, weitere wissen=
schaftliche Kreise nicht nur für eine Station, sondern für ein gut
ausgerüstetes Observatorium zu interessieren. Durch hübsche Schil=
derungen der Reize und Strapazen eines Brockenaufenthalts — seine
1884 erschienenen „Winterbilder vom Brocken" sind noch heute ein

---

1834—1850 war er auf dem Brocken als Administrator, hat danach noch mehr=
mals seinen Aufenthalt gewechselt und u. a. in Ballenstedt sowie im Selketal
meteorologisch beobachtet.

fesselnder Lesestoff — weckte er auch das Interesse der touristischen Vereinigungen, namentlich der Alpenvereinssektionen Braunschweig, Hannover und Magdeburg, welche fortan die Brockenwarte gewissermaßen in ihr Arbeitsprogramm aufnahmen. R. Aßmann ist als der geistige Gründer des Brocken-Observatoriums anzusehen.

Trotz solcher Bemühungen und trotzdem durch die Entwickelung der Wettertelegraphie und der Erforschung der höheren Luftschichten die Notwendigkeit eines Brocken-Observatoriums immer deutlicher erkannt war, dauerte es noch ungefähr ein Jahrzehnt, bis die Wetterwarte verwirklicht war. Trotz besten Willens der Fürstlich Stolberg-Wernigerödischen Kammer gelang es erst nach langwierigen Verhandlungen, in welche der ebenso durch Scharfsinn berühmte wie durch Derbheit berüchtigte preußische Ministerialdirektor Dr. Althoff persönlich eingriff, die Schwierigkeiten eines Neubaus auf dem Brocken zu überwinden. Nachdem der Schreiber dieser Zeilen während der Wintermonate 1893/94 Erfahrungen über zweckmäßige Einrichtung und Ausrüstung dieser eigenartigen Station gesammelt und die meteorologische Bedeutung durch einige Spezialuntersuchungen erneut bewiesen hatte, wurde im Sommer 1895 ein zweistöckiger Holzbau aufgeführt und im September desselben Jahres bezogen. Jetzt war es möglich, die einzelnen Witterungselemente nicht nur zu beobachten, sondern auch selbsttätig aufzuschreiben; der Brocken war somit eine meteorologische Station erster Ordnung geworden.

Die Besetzung des Beobachterpostens hat zwar auch in der Folgezeit noch häufig Schwierigkeiten bereitet, jedoch konnten durch zeitweise Entsendung wissenschaftlicher Beamten des preußischen Meteorologischen Instituts Unterbrechungen der Beobachtungen vermieden und gute Ergebnisse erzielt werden. Von Einzelstudien seien hier nur diejenigen von Professor H. Stade über einwandfreie

68

Bestimmungen der Niederschlagsmenge und von Geheimrat G. Hell=
mann über die Windgeschwindigkeit auf dem Brocken erwähnt.
Ein ausdauernder Beobachter vom Schlage des alten Nehse fand
sich erst wieder 1903 in dem ehemaligen Landwirt Max Müller,
der bis zu seinem Tode Ende März 1917 die Messungen mit großer
Sorgfalt ausgeführt und sich dadurch einen Ehrenplatz in der Ge=
schichte des Observatoriums erworben hat. Auch der jetzige Be=
wohner, Herr Georg Grobe hat seinen schweren Posten schon 8 Jahre
lang inne; als Akademiker und begeisterter Naturfreund fand er
sich schnell in die sehr verschiedenartigen meteorologischen Wünsche
und Aufgaben hinein und hat die Wissenschaft durch selbständige
Beobachtungen über Blitzentladungen, Witterungsanomalien und
dgl. gefördert. Während des Krieges konnte das Observatorium
durch Wetterberatung der benachbarten Flugplätze wertvolle Dienste
leisten, eine Tätigkeit, die neuerdings wieder aufgenommen ist.
Leider stellte sich bald nach Eröffnung des Observatoriums heraus,
daß bei dem Bau zu sehr gespart war; vielleicht war auch die tech=
nische Ausführung etwas mangelhaft gewesen. Außerdem war das
Observatorium zu klein, sodaß 1912 unter teilweiser Beibehaltung
des alten Gebäudes mit einem großen steinernen Anbau, der nun
das eigentliche Observatorium bildet, begonnen wurde. Der Neu=
bau konnte erst während des Krieges bezogen werden und erforderte
nach kurzer Zeit kostspielige Umbauten, da sich die Granitverkleidung
als undicht erwies. Endlich sind selbst diese Schwierigkeiten über=
wunden, und es ist zu hoffen, daß das neue Haus dieses Jahr=
hundert überdauert. Wer jetzt das Brocken=Observatorium betritt,
dem bietet sich auch bei schlechtestem Wetter das Bild eines behag=
lichen Gelehrtenheims, das zu neuen Untersuchungen einladet, und in
dem es sich nach anstrengender Außen=Tätigkeit gut ausruhen läßt.

Urwaldungeheuer

Im Brocken-Märchenwald
Von Amtsgerichtsrat Grosse-Wernigerode

Es gibt einen Märchenwald im Brockengefild, der ist wenig bekannt, denn ihn bewacht die Moorhexe. Die Moorhexe führt, so
erzählen sich die Menschen, jeden unliebsamen Eindringling im
Brockenurwald in die Irre und zieht ihn hinein ins feuchte, schwan-
kende, tiefe Moor. Von Glück kann er sagen, wenn er mit nassen
Beinen, dem Schreck und einem Schnupfen davonkommt und sich
zurückfindet ins Menschenreich der begangenen, vom Harzklub sorg-
lich überwachten Wanderwege. Darum meiden die Menschen zumeist
das Reich der Moorhexe und nur wenigen Auserwählten ist sie gut

70

Freund und zeigt ihnen die köstlichen Wunder ihres Märchenlandes. Dies Märchenland umfaßt das ganze weite Brockengebiet und beginnt fünfzig Schritte abseits der Wanderwege, die es hier und da durchziehen. Auf seinen breiten Schultern trägt der alte Vater Brocken einen weiten Mantel aus urwüchsigem einsamem Tannenwald und seine Brüder im Umkreis, der Königsberg, der Kleine Brocken, die Heinrichshöhe, der Renneckenberg und die Hohne machen es ihm nach. Was diese Höhen bedeckt, ist wilder, herrlicher Urwald, ist ewiger Wald, dessen Stämme nie eines Holzhauers Axt berührt. Seine unwirtliche Höhe, sein Klippengewirr, das feuchte ungangbare Hochmoor, das ihn überall durchzieht, schützte ihn bis heute vor der Menschen ausbeutender Hand. Hier dürfen die Bäume wachsen, wie es ihrer Natur entspricht, und wenn sie alt werden, eines natürlichen Todes sterben und in ihrer Heimat langsam wieder zu Erde werden, zu warmer brauner Walderde, die neuem Samen, neuen Baumgeschlechtern Nahrung gibt. Hier beengt keine Forstkultur den jungen Nachwuchs, zwingt ihn nicht in geordnete Reihen, regelt nicht die Zuteilung von Licht und Raum, die Reinheit und Gleichförmigkeit des Bestandes. Jedes Bäumchen darf wachsen, wie es mag und kann, und allein der freie Kampf ums Dasein entscheidet, wer sich hoch in die Lüfte recken darf, wer verkümmert und verkrüppelt am Boden im Unterholz verharren muß. Ausleben dürfen sich die Bäume und auswachsen zu alten, knorrigen, deutschen Waldesrecken. In unverwüstlicher Lebenskraft und Daseinsfreude recken und ringen im Wetterkampf geknickte junge Stämme und beschattete Seitenzweige sich empor zum Himmelslicht und verankern sich mit ihren Wurzeln um so fester im Heimatboden. Massenhaft findest du hier, was der Harzführer, wenn es einmal als Seltenheit im Menschenbereich des Waldes vorkommt, Kandelabertannen und Kamelsfichten nennt. In so köstlicher Freiheit und Urwüchsigkeit erhält und erneuert — ein Sinnbild deutscher Kraft und Art — sich der Brockenurwald seit Jahrtausenden.

Er ist das Reich der Moorhexe, der Hagzissa unserer Vorfahren, der geheimnisvollen Waldfrau. Wo die Moorhexe wohnt, weiß ich nicht; man begegnet ihr am ehesten an heißen windstillen Hochsommer= tagen im tiefen steglosen Urwalde. Dann siehst du sie plötzlich vor dir, im Schatten einer uralten verkrüppelten Fichte, dicht am Stamme, eine Harzkiepe auf dem Rücken, in der sie Tannzapfen sammelt für ihren Herd; ein schwarzer Eichkater sitzt ihr auf der Schulter, auf einen knorrigen Stab stützt sie ihre Hand, in langen Strähnen hängt weißgraugrün ihr Haar über ihre Schultern. Denn die Brocken= moorhexe ist nicht jung, wie die feuerlockige Moorhexe, die Hermann Löns in der Heide sah, sie ist uralt. Sie hat auch mit dem mittel= alterlichen Teufelsspuk auf dem Brocken und der Walpurgisnacht nichts zu tun. Sie ist viel vornehmer; von den alten weisen Prieste= rinnen der Germanen stammt sie her, von denen unsere Vorfahren, wie Tacitus berichtet, glaubten, daß ihnen etwas Heiliges inne= wohne. Sie weiß mehr von den Zusammenhängen und Entwick= lungen der Natur, als Menschen zu wissen pflegen, und sie haßt die moderne menschliche Überkultur mit all ihren schwächlichen und lächerlichen Auswüchsen.

So siehst du sie vor dir stehen, ganz still und nachdenklich auf ihren Krückstock gestützt. Und ehe du sie siehst, hörst du ihr Lachen und das klingt so, als ob ein Specht riefe, aber doch auch so, daß dir im stillen schweigenden Wald ein leises Erschrecken durch die Glieder fährt. Vermagst du dann aber ihren Blick auszuhalten, dann er= kennst du von Sekunde zu Sekunde deutlicher, daß du da nicht das Zerrbild eines Baumstrunks, sondern die alte leibhaftige Moorhexe vor dir hast. Und wenn sie sieht, daß dein Auge den Blick hat, den sie gern mag, den offenen, fragenden, aller Wunder gewärtigen

72

Waldblick, dann hebt sie den Stab, und mit einem Male bist du in ihrem Reich. Der Wald, der still und träumend in Sommergluten um dich her schwieg, fängt an, lebendig zu werden und zu reden.

Ist die Moorhexe bei schalkhafter Laune und steckst du tief im dichten Urwalddickicht und bist selbst am heißen Sommertag vom stillen Wandern und träumender Rast auf moosigem Felsblock sinnender Stimmung, dann läßt sie dich Märchenwunder sehen. Das wilde Gestrüpp der vom Wetter zerzausten Tannen, das Astgeflecht der gestürzten Riesen, die mächtigen Wurzeln, die wie Schlangen über den Boden kriechen oder wie die Finger einer Riesenfaust die Fels= blöcke umkrallen, die Felsbrocken und Felsnasen, die sich wild und planlos übereinander türmen, all das wird dir zu Gestalten der Märchenwelt, die dir als Kind vor dem Schlafengehen deiner Mutter Mund erzählte. Gnomen und Zwerge glaubst du um dich zu sehen, Waldmännchen und Waldfräulein mit Hauben und Zipfelmützen, allerlei seltsames Getier, wie Schlangen und Drachen, Vögel und vorsündflutliche Saurier und Exen. Träumerisch stehst du an einen Stamm gelehnt und blinzelst mit halbgeschlossenen Augen diesen Zauberwesen zu und glaubst zu erkennen, wie sie sich leise bewegen, wie sie dich anschauen, wie sie im Dämmer des dichten Waldes ver= schwinden und neue Gestalten auftauchen. Köstlich hat Professor Rettelbusch in seinen Wandbildern im Fürstenzimmer und in der Hexenklause des Brockenhauses diesen Märchenwald künstlerisch er= faßt und gedeutet. Ist es ein Wunder, daß ein Volk, das solchen Zauberwald sein Eigen nennt und viele solcher Zauberwälder sein Eigen nannte, solch eine Fülle sinniger Märchen erfand und an Kinderbetten und in Spinnstuben von Geschlecht zu Geschlecht weiter= erzählte?

Aber die Waldfrau kann auch ernsthaft sein und dir aus dem reichen Born ihrer Naturweisheit schöpfen. Tritt heraus aus dem Urwald

Die Moorhexe im Urwald

auf eine sonnige abfallende Halde, setze dich am Fuße der Klippe
und lasse deine Blicke hinschweifen über die Moorsenkungen zwischen
Brocken, Königsberg und Heinrichshöhe. Über dir in den Lüften
jagen pfeilschnell mit schrillem Schrei die Turmsegler; ein Zaun=
könig, der allzeit muntere Gesell, schmettert neben dir im Gestrüpp
sein lustiges Liedchen, und auf den Moorwiesen schaukeln die schönen
weißen Wollgräser im Abendwinde; Fliegen und Mücken umsummen
dich, aber deine vielliebe Waldpfeife hält sie in gemessener Ferne.
Spinne dich ganz hinein in diese sommerliche Hochmoorstimmung
und laß dir erzählen. — Völlig bedeckt ist das Moorgebiet von
dichtem grünen Pflanzenteppich und hütet sein Geheimnis. Moose
und Gräser, Seggen und Simsen, Heidel= und Kronsbeeren und die
hellblättrige Rauschbeere, Heidekraut und Brockenmyrthe, an einigen
Stellen auch, die Beerenbüsche kaum überragend, Zwergweiden und
die seltenen Zwergbirken wachsen im Moorgebiet. Der Pflanzen=
freund findet dort manche kostbare Seltenheit. Voll Staunen be=
merkt auch der Laie, daß hier im feuchten Moor gerade die Pflanzen
gedeihen, die ihm sonst in der trockenen Heidelandschaft begegneten.
Ist doch das Moorwasser durch seine Humussäure, das Schmelz=

74

Am Boden im Märchenwald

waſſer durch ſeine Kälte ſo geartet, daß die Pflanzen ihm keine
Nährſtoffe entnehmen können und in ihrem Lebenshaushalt ſich ſo
einſtellen müſſen, als wüchſen ſie auf trockenſtem Boden. Von wie=
viel Wundern der Anpaſſung erzählt da nicht dieſe Hochmoorpflanzen=
welt dem aufmerkſamen und kundigen Beobachter?
Aber noch viel erſtaunlichere Geheimniſſe birgt das Moor, es er=
zählt uns aus längſt vergangenen Jahrhunderten und Jahrtauſen=
den, wie es damals im Brockengefild ausſah, welche Bäume und
Pflanzen damals dort wuchſen. Moor bildet ſich in den Waldungen
des Brockengebietes an lichten Stellen durch Abſterben der Sphag=
nummooſe und anderer Pflanzen im Standwaſſer täglich neu. Ein=
zelne Moorgebiete aber, beſonders in den Senkungen, ſind uralt
und ſtehen unmittelbar auf dem Boden der Eiszeit. Seit Jahr=
tauſenden ſind dieſe Moore langſam gewachſen und haben in ihren
Schichten begraben und wohlerkennbar erhalten, was an Pflanzen=
wuchs das Brockenfeld einſt trug. So birgt das Moor in ſich eine
Pflanzengeſchichte von erſtaunlichem Alter und völliger Zuverläſſig=
keit. Nur hier und da hat man erſt einen Blick tun dürfen in dies
köſtliche Geſchichtsbuch, bei der Anlegung von Straßen und Gräben,

beim Ausschachten von Brenntorf, beim Bau der Brockenbahn; aber im wesentlichen noch ungehoben ruht der Schatz für die Wissenschaft. Schon jetzt können wir einige wichtige, grundlegende Ergebnisse nennen.

Im roten Bruche zwischen Wurmberg und Brocken fand man auf der Sohle des zwölf bis dreizehn Fuß tiefen Hochmoores drei verkrüppelte Fichtengenerationen über einem Lager normaler, bis zu zwei Fuß starker Kiefernstämme. Der wilde Wettercharakter des Brockengebietes, der die sonst ragende Tanne zu krüppeligem Knickholz werden läßt, ist also uralt; aber zuvor, als nach den Eiszeiten die Moorbildung begann, vermutlich unter zunächst milderem Klima, wuchs auf den Harzhöhen ein gesunder kräftiger Kiefernwald. Auch das verraten uns die Moore, daß die Tanne, unser heutiges Wahrzeichen des Harzes, von Anbeginn hier oben heimisch war und nicht, wie die Wissenschaft eine Zeitlang glaubte, erst im fünfzehnten Jahrhundert aus dem Vogtlande bei uns eingeführt wurde. Von der Edeltanne bergen die Hochmoore keine Holzreste, sondern nur Pollenkörner, die der Wind heraufgeweht haben mag, während der Baum die mittleren Bergregionen nicht überschritt. Vor allem aber erzählen uns die Moore, daß die Tanne in früheren Zeiten nicht wie heute das ganze Brockengebiet ausschließlich beherrschte. Der hohe Harz trug bis ins späte Mittelalter hinein einen ausgeprägten Mischwald, in dem neben der Tanne Birke, Hasel und Vogelbeere vorherrschten, aber auch die Eiche und selbst die Buche nicht fehlten.

Blicke dich um von deinem sommerlichen Ruhesitz am Bergeshange. Lugen nicht hier und da, besonders nahe dem Klippengewirr, die Laubäste der Vogelbeere oder der Quitsche, wie sie der Harzer nennt, aus dem gleichförmigen Tannengrün? Das sind die letzten Reste des alten Mischwaldes, von dem die Moore geheime Kunde bergen.

76

Wie fröhliche Schwestern stellen sie sich hinein in die Schar der dunklen Tannenbrüder und träumen schon von der Zeit, wenn sie im Herbst ein neues buntes Gewand anlegen dürfen, während die Brüder ihren eintönig grünen Rock behalten müssen. Leise spielen die Blätter im Winde und winken dir wie feine Hände zu. Ist nicht auch dir zumute, wie dem Träumer im Märchen, dem der gütige Geist des Waldes den Schleier hob von den fernen Zeiten vergangener Jahrtausende?

Du erwachst, und wieder im Moore versinkt, von grüner lebendiger Decke wohlverwahrt, das Geheimnis, das dich die Moorfrau in glücklicher Stunde einmal ahnen ließ. Mit ihrem knorrigen Krückstock winkt sie dir Abschied und Wiedersehen und hochaufatmend wanderst du für diesmal heim. —

Es gibt noch einen anderen Märchenwald im Brockenland, den wenige beachten; mit dem kannst du es machen, wie in der Sage vom Riesenspielzeug, und ein ganzes Stück von diesem Wunderwald in deine flache Hand legen. Ich meine das wunderbare, vielgestaltige, feine und formenschöne Reich der Moose und Flechten, wie es die Baumrinden überzieht und in dicken Polstern auf Felsen, toten Baumstrünken und Mooren wächst. Der Weg selbst und was am Wege lebt und sich dem aufmerksamen Auge bietet, soll das rechte Ziel des Wanderers sein, wenn auch, zumal bei unwirtlichem Wetter, eine Rast im gastlichen Brockenhaus nicht zu verachten ist. Aber ruhe auch einmal am Wegrande oder abseits im Dickicht, im einsamen Moore, nimm deine Lupe hervor und versenke dich in diesen Kleinmärchenwald. Welche Fülle wunderbarer Formen schaut da dein Auge, Dickungen und Hochwald und einsame Riesen dieser Kleinwelt, die mit ihren seltsamen Sporenkapseln unter deinem Mundhauch sich neigen, wie die Tannenriesen im Abendwind. Hier saftiges, üppiges Grün, dort scheinbar totes, braunes, verworrenes

Gestrüpp; hier zarteste Farbenpracht aus grün und gelb, rot und violett, dort zierlichste Filigrangebilde, verschlungenstes Flechtwerk, anmutigstes Ornamentmuster. Und welches Leben auf dem Boden dieses Wäldchens! Wie Ungeheuer der Vorzeit, Saurier, Exen und Schlangen, schlüpfen Käfer und Asseln, Milben und Larven, Tausend= füßler und Würmer über den Boden dieses Kleinwaldes durchs Moosgestrüpp und um den Fuß der Flechtenbäumchen. Du kommst nicht los von dieser Märchenwelt des Mooswaldes, wenn du sie erst einmal entdeckt und dich ihres Reichtums, ihrer Schönheit, ihrer Seltsamkeit erfreut hast. Dazu brauchst du nicht all die Flechten und Moose einzeln mit ihren botanischen Namen zu kennen, allein aus dem sinnig=aufmerksamen Hinschauen spürst du, du hast wieder einmal einen Trunk tun dürfen aus dem ewig reichen und er= frischenden Born der Natur. —

Aber es gibt noch einen dritten Zauberwald im Brockengefild und das ist vielleicht der allerschönste. In Wintertagen, wenn rauhe Stürme wehen und wilde Schneeschauer über die Brockenkuppe fegen, dann zieht die Moorhexe das weiße glitzernde Gewand der Rauhreifhexe an. Und wieder begegnest du ihr am ehesten im wilden, einsamen, sturmzerzausten Brockenurwald. Wenn böse Wet= tertage das ganze Brockengebiet mit Schnee und Reif überzogen haben, so daß kein Stückchen Fels, kein Fleckchen Baumrinde mehr zu sehen sind, und dann ein Tag des Sonnenscheins folgt, dann ist es am schönsten im Wintermärchenwald. Weiß scheint die ganze Welt um dich her, aber blau und violett leuchten die Flächen und in allen Farben des Regenbogens glitzern die Schnee= und Eiskristalle zu deinen Füßen und an den Rauhreifbehängen der Bäume. Tief haben sie sich, soweit ihre Starre es zuläßt, unter der Eislast gebeugt und noch viel wunderbarere, märchenhaftere Gestalten, als du sie im Som= merurwald sahest, reizen deine nachbildende Phantasie zu immer tol=

78

leren, seltsameren Märchenbildern. Unbeschreiblich ist der Reiz und die Schönheit dieses winterlichen Zauberwaldes, und nur hier im Urwaldgebiet, nie in den Regionen geordneter Forstkultur sind so wunderbare und zauberhafte Märchenformen möglich. Das macht, wir sind hier im Reich der Waldfrau, der reinen menschenfernen Natur. Andacht und Ehrfurcht erfüllt das empfängliche Menschenherz. — Wenige Auserwählte sind es, die den Brocken und seine Märchenwälder wirklich von Grund aus kennen und genießen. Das sind die Wanderer, die neben dem Mundvorrat ein paßliches Büchlein im Rucksack zu tragen pflegen, Goethes Faust, Grimms Märchen, Raabes Frau Salome oder Francés Ewiger Wald. Das sind die Menschen, von denen Gorch Fock sagt, daß sie der Schlüssel zu ihrer Heimat sind. Das sind die Auserwählten, denen die Waldfrau freundlich mit ihrem Stabe Einlaß in ihr herrliches Reich winkt. Eine Fülle von Freude und Erquickung darf solch ein Bevorzugter mit heimnehmen in seines Werktags schwere Arbeit, in seines Menschenreichs Verwirrung und Sorgen,

> „Und Altar des lieblichsten Danks
> . Wird ihm des gefürchteten Gipfels
> Schneebehangener Scheitel."

Klippe auf dem Königsberge

Die Naturwelt des Brockens und ihr Schutz
Von Rektor W. Voigt-Wernigerode

Wie eine Insel aus den Wellen des Meeres erhebt sich Vater Brocken aus der Zahl der ihn umgebenden Harzberge, eines Hauptes länger denn sie alle, schaut hoheitsvoll auf sie herab und blickt weit hin in die Norddeutsche Tiefebene. Wenn sie alle schon Frühlingsgrün anlegten, trägt er noch dicke Schneedecken auf seinen Schultern. Nur wenig Sommermonate ist er wirklich frei von Schnee und Frost. Dann aber brennt die Sonne glühend heiß auf seinen

80

Scheitel und lockt in der kurzen Spanne Zeit all die Lebewelt aus dem Reiche der Tiere und Pflanzen zum frohen Hochzeitsfeste. — Vater Brocken selbst ist aus feurigem Erdinnern emporgestiegen, hat mit starker Schulter die überlagernden Schichtgesteine empor= gehoben und bei Seite geschoben. Wo das glutflüssige Magma mit dieser Schieferdecke in Berührung kam, formte es sie um in Quarzit und Hornfels. Unter dieser schirmenden Decke erstarrte das Magma langsam zu Granit, den erst neue Erdzeitalter der Verwitterung und Abtragung von seinem Hornfelsmantel befreiten. Ein letzter Fetzen von ihm deckt noch heute die Kuppe des Achtermann. Aber auch an dem Urgestein des Granits selbst gingen die Jahrtausende nicht spurlos vorüber. So fest das Granitgemenge aus Quarz, Feld= spat und Glimmer auch ist, dem Zahn der Verwitterung ist es nicht gewachsen. Frost und Nässe nagen jahraus, jahrein, und in den Felslöchern lagert das Werk ihrer Arbeit in Form von grobem gelben Granitkies. Manche Felsengruppen haben bis heute noch diesen Einwirkungen widerstanden und ragen, wie von übermäch= tiger Hand aufgetürmt, als wunderliche Klippengebilde empor. Die scharfen Kanten sind verschwunden, und so nehmen die Steine die Form von großen Wollsäcken an.

Langsam wird es lebendig auf dem toten Gestein. Algen und Flech= ten sind die Vorposten aus dem Pflanzenreiche, die zuerst dort Fuß fassen. Isländisch Moos und Renntierflechten mit ihrem blaßgrü= nen Kleid breiten sich aus. Moose folgen ihnen nach. Staub und Regen und verweste Pflanzenteile schaffen Humus in ihrem Polster. Dann ist es Zeit für die Krons= und Heidelbeersträucher, sich auf den Felsen anzusiedeln. Mit den harten, lederartigen Blättern können sie dem Frost und der Dürre trotzen. Allerlei Getier aus der Insektenwelt hält sich in ihrem Zwergwald.

Die Kinder Floras haben es nicht leicht hier oben auf der Höhe des

Brockens. Wind und Wetter, Eis und Schnee machen ihnen das
Dasein schwer. So finden wir die Fichten mit gebrochenen Gliedern
im dichten Urwald des Brockenhanges, und auf der Kuppe werden
sie zu Krüppeln und Zwergen. Die Birken und Weiden nehmen
Buschform an und erheben sich kaum über die niedrigen Heidel=
beersträucher. Die Latschen= oder Bergkiefer auf dem kleinen Brocken
duckt sich vor der Schneelast und treibt ihre Äste kriechend auf der
Erde hin. Wie in der Gestalt, so haben die Brockenpflanzen auch
im Blattwerk den Zug ins Kleine. Das Heidekraut, das hier im
moorigen Bruche, dort zwischen Granitgestein grünt, und noch mehr die
immergrüne Krähenbeere, die der Harzer anmutig Brockenmyrte
nennt, haben ihr Laubwerk aufs Äußerste beschränkt. Ganz ähn=
lich haben auch die liebliche Andromeda mit den rosa Glöckchen
und die niedliche Moosbeere, die mit ihren fadendünnen Stengeln
durch die blaßgrünen Sumpfmoospolster kriecht, die Blattflächen
stark verkleinert, um nicht unnötig Wasser zu verdunsten. Hier liegt
das Rätsel der Brockenflora. Trotz der überaus reichen Niederschläge
— rund 1700 mm Regenmenge im Jahre, das ist fast dreimal so=
viel als in den nahen Harzrandstädten — ist der Brocken für die
Pflanzenwelt ein Trockenlandgebiet. Und das auch trotz der zahl=
reichen Moore und Brüche, denen wir auf Schritt und Tritt begegnen.
Wir treffen hier dieselben Pflanzen wieder, die wir sonst auf trok=
kener Heide oder am dürren Sandstrand suchen. Das Wasser in den
Moospolstern und in den Mooren ist so stark mit Humussäure ver=
setzt, daß die Pflanzen es nicht mögen. Die Niederschläge aber sind
den größten Teil des Jahres zu kalt, oder gar gefroren, so daß
die Blumen diese Feuchtigkeit nicht aufnehmen können. So leiden
sie Durst im Anblick des Wassers. Wir finden daher alle die An=
passungsmittel der Trockenlandpflanzen bei der Brockenflora wie=
der: die verkleinerten Blattflächen, die lederartigen harten Blätter

bei Heidel= und Kronsbeeren, die dicht behaarten Stengel, die wie mit einem Schleier überzogen aussehen, beim Habichtskraut, bei der Brockenanemone und einigen Zwergweiden. Andere haben sich wieder in dichte Polster zusammengedrängt um jeden Tropfen Regen festzuhalten, wie die Bärwurz, jene weiße Doldenblüte, die dem Hochlandgras den würzigen Duft verleiht. Ihre Vermehrung ist ebenfalls diesen besonderen Verhältnissen angepaßt. So verzichten einige schon ganz auf Samenbildung und vermehren sich durch Stockung. Die Mehrzahl der Hochlandblumen aber nutzt die wenigen warmen Sommermonate aus und entfaltet eine Blütenpracht, wie wir sie im Tale vergeblich suchen. Gilt es doch, die Insekten, die sich auf diese luftigen Höhen wagen, mit allen Mitteln anzu= locken, damit sie ihnen den Liebesdienst der Bestäubung erweisen. Wie große Aushängeschilder prahlen die goldenen Blütenköpfe der Arnika. Dazu reihen sich die blauen Glockenblumen mit ihren satten Farben, und die Steinnelken bilden dichte feuerglühende Sträuße. Das alles überziehen die weißen Dolden mit einem dichten Schleier. Von solcher Farbenpracht angezogen, gaukelt es auf der Brocken= kuppe von bunten Faltern, surrt es und summt es von Mücken und Fliegen, zirpt es und girrt es und schwirrt es von allerlei lustigem Insektenvolk. Das ist die hohe Zeit für die Brockenblüte.

Über die Brockenkuppe jagen in reißendem Fluge die ungestümen Mauersegler dahin, um sich nach dem Mückenvolk umzusehen. Sie brüten in den benachbarten Ortschaften und sind nur auf Nahrungs= suche hier. Auch die Rauch= und Mehlschwalben, die im nahen Schierke nisten, statten der Brockenhöhe ihre Besuche ab. Wohl aber sind auch eine ganze Reihe Brutvögel oben. Von dem Dachfirst des Ho= tels herab begrüßt uns der Mohrenrotschwanz mit artigem Knicksen. Im dichten Buschwerk einer Kullertanne brütet der Wiesenpieper. Auch der Baumpieper — ebenso von Lerchenfarbe und Lerchenart

Balzender Urhahn am Königsberge

— läßt sich im Balzflug aus den Lüften schwebend herab. Zwischen den Felsen fehlt auch der Steinschmätzer und auch der Zaunkönig nicht. Die Meisen, Goldhähnchen, Baumläufer und Spechte halten sich mehr in den tieferen Baumregionen des Brockens auf. Spatzen und Lerchen, Charaktervögel der Ebene, fehlen auf der Brockenhöhe gänzlich. Was sollten sie auch oben? Die Rebhühner der Feldfluren werden durch edleres Wild ersetzt, durch Auer= und Birkwild. In den dichten Urwaldstrecken des Brockens, in den ausgedehnten Moor= flächen haben sie ungestörtes Brutrevier, und in dem dichten Beeren= gestrüpp finden sie ringsum ihre Nahrung. Dennoch sind sie so selten geworden, daß es schwer gelingt, dieses scheue Wild zu Gesicht zu bekommen.

Von den Säugern läßt sich der König der Wälder, der stolze Rot= hirsch, allem Wanderbetrieb in den Bergen zum Trotz, seinen Brocken nicht rauben. Dicht hinter dem Bahnhof tritt er in der Dämmerung aus dem dicken Tann zur Äsung heraus. Schwarzwild und Rehwild findet in den dichten Beständen des Plänterwaldes an den Brocken= hängen Deckung genug. Auch Wildkatzen, Stein= und Edelmarder werden in den urwaldmäßigen Dickungen, wo einst noch Bär und Wolf und Luchs ihre Zuflucht fanden, von Zeit zu Zeit gespürt.

84

Der Alte vom Berge (Abnormer Brockenhirsch, erlegt auf der Kuppe am 18.8.08.)

Auch Fuchs und Dachs halten Umschau, ob für sie nicht etwas Eß=
bares abfällt. Von den Kleinsäugern fehlen auch die Mäusearten —
selbst im Brockenhotel — nicht, und die Wasser= und Alpenspitzmaus
sind oben. Der Garten= und der Siebenschläfer suchen zuweilen
auf dem Blocksberge vor den Unbilden der Witterung Unterschlupf.
Auf die übrige Tierwelt einzugehen würde hier zu weit führen.
Es sei nur noch erwähnt, daß der Bergmolch mit den blauen Flanken
auch am Brocken nicht fehlt, und daß selbst die Frösche mit ihrer
Kaulquappenbrut uns bis nahe hinauf auf die Kuppe begleiten.
Ob auch Kreuzottern am Brocken vorkommen, ist nicht sicher zu
sagen. Oft wird sie mit der in Form und Farbe ähnlichen glatten
Natter verwechselt. In den Wassern, die vom Brocken springen,
fehlt natürlich auch die edle Stein= oder Bachforelle nicht. Sie ist
ja so charakteristisch für die Gebirgsflüsse des Harzes, daß sie u. a.
auch das Fürstliche und Städtische Wappen von Wernigerode ziert.
Diese Abhandlung soll keinen Anspruch auf Vollständigkeit machen;
sie soll dem Brockenwanderer nur einen Anhalt geben über die Art
der Naturwelt des Brockens und über deren Lebensbedingungen.
Sie soll vor allem aber Liebe wecken für die Eigenart und Reize
der Brockennatur. Dann werden all die Verbote und Mahnungen

zum Schutze der Naturdenkmäler des Brockens unnötig werden. In dankenswerter Weise haben die Fürstlich Stolberg-Wernigerö= dische Forstverwaltung und der Landrat ihre Beamten mit dem Schutze betraut und in verschiedenen Bekanntmachungen immer wieder aufklärend und warnend auf die Schonung unserer schönen Harzwälder und ihres eigenartigen Tier= und Pflanzenlebens hin= gewiesen. Der hohe Jagdherr des Gebietes hat selbst seit langen Jahren das einzigartige Auer= und Birkwild, das am Brocken als Naturdenkmal gelten kann, in rühmlicher Zurückhaltung geschont. Die Naturschutzpflege ist Überlieferung im Hause Stolberg, denn schon im Jahre 1718 erließ der Graf Christian Ernst eine Verfü= gung, in der strenge Ahndung für jedes Zerstören und Verschandeln des Waldes angedroht wird. Leider kehren sich heute viele unver= nünftige Brockenbesucher nicht an solche Verwarnungen. Wie oft findet man abgerissene Blüten der prächtigen Brockenanemone, die= ser Charakterpflanze der Kuppe, verwelkt am Wege liegen. Oder die Blumen wandern heimlich als „Andenken" an den Brocken= besuch in die Brieftasche, um später zerknittert im Papierkorb zu enden. Und dann gar erst die häßlichen Visitenkarten, die von Narrenhänden an die Felsen geschmiert und in die Baumrinden gekratzt werden. Wie traurig wirkt ferner die Verschandelung un= serer herrlichen Brockennatur durch Papierreste und Eierschalen, die „Wanderflegel" von ihrer Rast zurückließen. Ich entsinne mich, wie Hermann Löns, mit dem ich oft das Brockengebiet durchstreifte, sich über solches Gebaren entrüsten konnte. So sehr man dem wahren Naturfreund den hohen Genuß an der unberührten Natur abseits vom Wege gönnt, so wenig darf es Sport und Mode werden, nur immer „verbotene Wege" zu wandern. Es ist auch nicht nötig, daß im Interesse des Fremdenverkehrs jeder Pirschweg und jeder heim= liche Waldwinkel „erschlossen" wird. Die vielen Harzbesucher mögen doch bedenken, daß sie bei dem planlosen Durchstreifen der Wälder dem Wilde die Ruhe rauben und damit selbst zur Verelendung des Wildreichtums unserer Harzberge beitragen. Schon sind manche Naturdenkmäler aus dem Tier= und Pflanzenreiche so selten geworden, daß sie nur einigen Kundigen bekannt sind. Die oben erwähnte Brockenanemone hat mit manchen anderen Seltenheiten ihre Zuflucht in dem Pflanzengarten des botanischen Instituts der Universität Göttingen auf der Brockenkuppe gesucht. Dieser von Prof. Peter mit so viel Liebe angelegte und gehegte Garten ist in den letzten Jahren leider arg vernachlässigt und verwildert.

In Amerika ist es längst eine Sache des Volkes geworden, der heimischen urwüchsigen Natur in Nationalparks eine geheiligte Zufluchtsstätte zu schaffen. Nord= und Süddeutschland haben ihren Heide= und Alpenpark. Möchte es nun auch in Mitteldeutschland den gemeinsamen Bemühungen der Fürstlichen Verwaltung und der Landjägerei, des Wernigeröder Naturschutzvereins und einzelner Brockenfreunde gelingen, durch liebevolle Pflege und Aufklärung in weitesten Kreisen, auch den Brocken zu einem kleinen, aber einzigartigen.Naturschutzgebiet des deutschen Volkes zu machen und als solches zu erhalten. Möge auch dies Büchlein in der Hand vieler Leser und Wanderer mit dazu beitragen!

Gasthaus auf der Heinrichshöhe 1743

Geist der Witwe Cliquot

Speisekammerspuk
Von Günther Deneke=Wernigerode

Mitternacht. Tiefe, dunkle Brockenmitternacht. Der Herbstwind jault und brüllt um Haus und Turm; in schweren Schwaden schmettert der Regen an die knackenden Fenster. Höllenwetter — Brok=kenwetter! Heute Nacht steigt keiner mehr herauf. So konnten sie alle zu ungewohnt früher Ruhe sich legen: der Hausherr, die Gäste, der Pförtner, die Kellner, die Frauen und Mägde. Sogar die wachsamen Wolfshunde strecken die klugen, spitzen Köpfe lang auf die schlanken Vorderpfoten und träumen von den Kotelettenknochen und Schinken=brotresten, die sie tagsüber zwischen den Klippen aufstöberten. Alles was lebt auf dem Brocken, schläft. Dafür beginnt ein heimliches Leben in den toten Dingen. Ihre Plauderstunde ist gekommen. Im Zimmer Nr. 12 kichert es: ein naseweises Kopfkissen schwatzt zärt=

liche Geheimniſſe aus von der letzten Walpurgisnacht her. Nebenan
erzählt ſchmunzelnd ein langer, dürrer Kleiderſtänder ein Erlebnis
aus einer Neujahrsnacht. Da ſtand plötzlich ein dicker Mann vor
ihm, ſchwankend an Haupt und Gliedern und gelobte ihm angſt=
voll und reumütig Beſſerung: „Auf Ehre, Alte, nie wieder komme
ich nach Zehne zuhauſe!“ In der Hexenklauſe räkelt ſich gähnend
ein Klubſeſſel und ſagt zu der ſüßen, jungen Hexe ganz links in der
Ecke auf Vater Rettelbuſchs großem Wandbild: „Fräulein, ſein
Se doch nich immer ſo „rückſichtsvoll“, drehn Se ſich doch ooch ’mal
’rum!“ Überall, wohin ich komme im Schutz von Fauſtens Tarn=
kappe, von der ich an einem erſten Maimorgen einen Fetzen bei
der Teufelskanzel fand, herrſcht eitel Eintracht und Fröhlichkeit,
wie es ſein ſoll in einem guten deutſchen Haushalt. Nur unten im
Erdgeſchoß erſchallt Zank, Lärm und Stimmengewirr hinter einer
Tür hervor. Nanu, Krach in der Speiſekammer? Das muß ich er=
gründen! Huſch, bin ich drin und ſperre Mund und Naſe auf. Die
Naſe, weil’s ſo appetitlich duftet; den Mund, weil man dann beſſer
hören kann.

„Wenn Sie das Drängeln nicht laſſen, ſchmeiße ich Sie über Bord,
Sie alberne Paſtete!“ kräht einer mit fremdländiſch ſchnarrendem R.
Und eine fette Stimme antwortet: „Dafür bin ich viel zu ſchwer für
Sie leichte Eierſpeiſe!“

„Herrgott, die alte Straßburgerin und der ſchwarze Ruſſe ſind ſchon
wieder aneinander geraten!“ flötet ein ſüßes Stimmchen aus einem
orangegelben Marmeladentopf.

„Da wird wohl gleich wieder die alte Leier losgehen, wer der Vor=
nehmere von Beiden iſt,“ brummt ein knallroter Lachsſchinken.
„Als ob es auf ſo was heute noch ankäme!“

„Markieren Sie man nicht ſo den Demokraten, „teurer“ Freund!
Sie laſſen ſich auch nicht All und Jedem ſervieren!“ piepſt eine ſaure

Gurke scharfzungig. „So populär wie wir seid Ihr alle miteinander nicht."

„Scheußlich genug, daß einer vom ältesten Adel, der jeden Morgen dem Zaren sogar seine Aufwartung machen durfte, wie ich, hier in einer Kammer ruhen muß mit Leuten, die sich überall anbiedern. Heute sich von einer kleinbürgerlichen Roulade einwickeln lassen und morgen sich glatt neben ein vornehmkaltes Roastbeef legen, wo höchstens wir Herren von Beluga hingehören!" Ordentlich er= regt zeterte der graumelierte Russe.

„Sie, Graf Kaviar, blasen Sie sich bloß nicht so auf, Ihr Vater war auch man ein Fisch!" Ein dicker Kabliau schob sein breites Maul über den Rand des Eiskorbes, in dem er ein paar Flundern schon ganz plattgedrückt hatte. „Als einer von uns neulich ins Bismarck= zimmer mußte, mit Champignonbegleitung und Salzkartoffelgefolge, sah er grade so ein kühles Roastbeef mit Kaviar abservieren. Der dicke Magdeburger, der davon gegessen hatte, sah noch ganz „ver= stört" aus! —

Ein donnerndes Gelächter aus allen Regalen, Töpfen und Büchsen quittierte den uralten Kalauer. Die Heinewürstchen tanzten einen Freudenreigen und sahen in ihrer schlanken rosigen Nacktheit wie Hellerauer Tanzschülerinnen aus. Am längsten aber lachte die Straßburgerin so, daß sie ihren schön braun glasierten Bauch halten mußte. „Das kommt vom Hochmut," ächzte sie asthmatisch, „meine Ahnen haben schon auf dem Kapitol mitgeschnattert und wenn die Franzosen immer wieder Straßburg stehlen, tun sie das bloß um unsertwillen." Sie blähte sich ordentlich in ihrer Originalterrine. „Adel! Quatsch! Auf's Alter allein kommt es bei uns Harzern an," grollte es dumpf unter einer Glasglocke hervor, wo so ein richtiger „alter Mann" sich breit machte. „Halten Sie Ihren Rand, Sie Stänker!" wütete der Kavier in höchstem Zorn, „das haben wir unter

90

uns auszumachen. Wir sind hors d'oeuvre und genießen wie unsere Diplomaten das Recht der Exterritorialität!"

„Darum sind auch manche von Ihnen so kopflos!" quiekte die Gurke dazwischen und die Bratheringe grienten glücklich, daß ihren vornehmen Kusinen, den Ölsardinen damit eins ausgewischt war. —

„Himmelbombendonnerwetter!" dröhnte plötzlich eine wahre Glokkenstimme und alles starrte erschrocken nach oben, wo unter der Decke zwischen mächtigen Speckseiten eine Anzahl riesiger Schlackwürste hing. — „Himmelbombendonnerwetter, jetzt habe ich aber Eure Albernheiten satt!"

Die größte der Würste war es, von der dieser Ordnungsruf ausging. Meterlang und armdick schwang sie brummend hin und her wie der Klöppel in einer Domglocke. „Wer seid Ihr denn da unten, Ihr grünes Gemüse, daß Ihr in meiner Gegenwart Euch Rangstreitigkeiten erlauben wollt?"

„Grünes Gemüse hat sie gesagt! Ausgerechnet grünes Gemüse! Zu mir!" entrüstete sich eine goldgelbe Ananas und sträubte ihren Schopf wie ein wütiger Kakadu.

„Niedersächsischer Grobian!" schimpfte ein tabakbrauner Spickaal aus Pommern. „Als ob ich nicht ebenso dick und lang wäre wie Sie!"

Die Meisten aber hielten fein artig den Mund, denn die Stimme der Alten da oben klang doch verdammt achtunggebietend. Und als sie nun ein wenig ruhiger geworden anfing: „Ich werde Euch 'mal eine Geschichte erzählen!" — da schwiegen sie alle, die in- und ausländischen Delikatessen und hörten andächtig zu.

„Ich habe mich schon lange darüber geärgert, daß hier unter Euch so oft Gezänk herrscht, ob der eine oder der andere vornehmerer Herkunft ist oder ob die exotischen Herren und Damen den Vortritt vor uns alten Deutschen beanspruchen dürfen. Zunächst sind wir doch wohl einig, daß wir alle, die hier zusammen wohnen, auch

zusammengehören und die wichtigste Grundlage der ganzen Brocken=
wirtschaft bilden. Und das Bewußtsein, daß kein Mensch hier her=
aufkommt, ohne nach irgendeinem von uns Verlangen zu haben,
sollte uns doch bergehoch über solche Nörgeleien erhaben sein lassen.
Wenn Ihr aber nun schon mal angefangen habt mit solcher gastro=
nomischen Genealogie, dann kommt es auf urkundlich beweisbare
Tatsachen an. Und da ist erst mal eins unumstößlich: die ältesten
Mitglieder in der Brockenkammer sind wir: die Würste, der Speck,
der Schinken und der Käse!"

„Oho!" „Hört! Hört!" „Beweis antreten!" schallte es sofort in
echt parlamentarischem Durcheinander aus allen Ecken. Besonders
eifrig geboten natürlich die Genannten Ruhe, da sie sich höchst ge=
schmeichelt fühlten. Der Käse zerfloß sogar beinahe vor Rührung,
zumal er sonst so still wie eine brave Mädchenerzieherin vor sich
hinzureifen pflegte.

„Sogleich werde ich es Euch beweisen," fuhr die Alte fort. „Am
7. August 1607 bestieg als einer der frühsten Brockenwanderer, der
Rektor der Ilsenburger Klosterschule Martin Schweser unsern damals
noch so unwirtlichen Heimatgipfel. Womit aber hatte er sich zu
seinem beschwerlichen Unternehmen ausgerüstet? Mit einer be=
scheidenen Mahlzeit aus Rotwurst und harzischem Krautkäse!"

„Hört! Hört!" murmelte es befriedigt durch die Reihen der Würste!
„Ja, ja, die Alte packt die Sache am rechten Zipfel an!" Und der
Käse sandte dankbar wahre Duftwolken zur Decke empor.

„Und weiter hörte ich, daß 1634 eine Schar Quedlinburger Schüler
sich hier herauf machte und in ihrem Reisebericht heißt es:
„Einer erforschet den Weg und jeglicher bereitet sich zu und nimmt
Speise, die des Lebens Erhaltung verlangt. Der trägt Stücken Speck
herbei und Schweineschinken der, jener ist belastet mit des un=
geheuren Stiers gebratenen Keulen. Dieser schleppt sich mit ellen=

92

langer Wurst im Sack, jener mit Butter, die der Bauersfrau Wage ihm zuwog. Wozu der vielen Worte? Mit frischen Speisen bewaffnet sich Jeder."

„Na hoffentlich hatte die olle Butterfrau von damals richtiges Ge= wicht!" lachte es aus dem großen Faß in der Ecke hervor. „Denn schon zu Karls des Großen Zeiten schrien die Hausfrauen immer mene, mene tekel upharsin, wenn die Bauern meine Vorfahren, in grüne Blätter gewickelt, auf den Markt brachten." —

Aus der Pökeltonne daneben aber grollte es in tiefen Rinder= Brusttönen: „Also von uns war auch schon wer dabei!"

„Rindviecher gab es überall und zu allen Zeiten!" wollte der immer nervöser werdende Kaviar dazwischen werfen, aber er unterdrückte wohlweislich diese Bemerkung. Denn es begann ihm zu dämmern, wo die greise Schlackwurst mit ihrer Ahnenprobe hinaus wollte.

„So lange, denke ich," schloß sie gerade ihre Rede, „hat keiner von Euch anderen Heimatsrecht hier oben. Da es beim Adel aber doch im= mer auf Sitz und Stimme auf altem Grund und Boden ankommt, so glaube ich für mich und meine Vettern den urkundlichen Nachweis erbracht zu haben, daß wir zum ältesten Brockenadel gehören!"

„Und auf die alte Zugehörigkeit zum Brocken kommt es doch na= türlich allein an!" stimmte das Schwarzbrot eifrig bei. Es hoffte nämlich für sich selber auch noch solchen Nachweis aufzustöbern, da es ganz richtig folgerte: kein Mensch wird vor 300 Jahren sich Butter und Käse direkt auf den Schinken gelegt haben; wo dieser Dreiklang nach= weisbar ist, kann das Brot als Grundnote nicht gefehlt haben.

„Wenn ich doch bloß beweisen könnte, daß mein hoher Herrscher, Zar Peter, damals auch von uns Russen wen mit heraufgebracht hat," meditierte der Kaviar im Stillen. „Ich könnte mich schwarz ärgern, wenn ich nur nicht fürchtete, dadurch meinem ungenießbaren Stiefbruder, dem Elbkaviar, ähnlich zu sehen."

„Ja aber, meine Liebe, Sie müssen dies zugeben," — ertönte nach langer Pause einmal wieder die asthmatische Stimme der Straß=burgerin, „daß wir andern alle hier oben doch auch nicht bloß so ge=duldet sind, sondern direkt Bürgerrecht genießen und daß häufig nach uns gefragt wird!"

„Natürlich. Ihr habt Euer junges Recht und wir unser altes und jeder soll dem andern das Seine gönnen!"

„Suum cuique," bemerkte ein Bismarckhering. „So ist es! Die anspruchsvollen Großstädter mögen uns nicht missen. Es war die allerhöchste Zeit, daß unser Hausherr uns auch alle hier einführte. Wenn die verwöhnten Herrschaften nach der anstrengenden Fahrt in der Bahn oder im Auto hier ankommen, wollen sie die gewohnte Bequemlichkeit finden. Dazu gehört eine Speisekarte, wo die hors d'oeuvres und der Nachtisch nicht fehlen!"

„Meine Liebhaber fragten mehr nach der Wanderkarte als nach der Speisekarte" — brummte etwas mißmutig die Alte an der Decke, die keine Fremdwörter mochte.

„Gott, nun werden Sie schon wieder spitz, Frau von Schlackwurst!" lenkte gutmütig die Pastete ein. „Im Grunde ist doch die Haupt=sache, daß die Gäste immer mit uns allen zufrieden sind!"

Hier konnte ich mich nicht länger halten und vergessend, wer ich war, schrie ich begeistert los: „Bravo! Bravo! Das ist der Kern der Sache! Und zufrieden waren wir immer mit Euch allen nach Quantität und Qualität!"

Allmächtiger! Was hatte ich mit meiner Unbedachtsamkeit an=gerichtet! Ein Höllenlärm brach los! Aufgeregt klapperte, rasselte, schepperte und klirrte es durcheinander: „Ein Mensch!" „Ein Mensch hat uns belauscht!" „Wehe, wenn der von unserm Streit Herrn Schade was erzählt!" „Dann werden wir alle von der Karte ge=strichen!"

94

„Quatsch!" sagte ich rasch gefaßt und alles schwieg angstvoll. „Quatsch! Ich bin der Geist der Witwe Cliquot, mit der sich gestern Abend ein Herr aus Wernigerode die Einsamkeit vertrieb. Und weil ich noch nicht bezahlt bin, muß ich noch so lange spuken gehen! Dabei geriet ich mitten in Euren Kongreß und hörte ein bißchen zu!" — Hörbar atmeten sie alle auf und ich log weiter: „Ich habe eben bloß die Worte wiederholt, die gestern mein Liebhaber über die Bewirtung auf dem Brocken sagte. Und damit könnt Ihr ja wohl ebenfalls alle zufrieden sein!"

Bumms! Schlug es Eins oben im großen Saal. Totenstill wurde es rings umher. Ich aber machte, daß ich endlich in mein Bett kam.

„Guten Morgen, Herr Doktor! Gut geruht, Herr Doktor? Was befehlen Herr Doktor zum Frühstück? Gänseleberpastete? Ein Kaviarbrötchen? Glas Sherry?"

„Nee, lieber Ober. Die Cliquot von gestern brummt mir noch im Schädel. Geben Sie mir einen ordentlichen Stümpel Schlackwurst und einen Harzkäse. Das hält am besten vor auf dem Rückweg nach Wernigerode hinunter!"

Wandervögel beim Frühstück

Der Brockenberg

Reiſebeſchreibung des Halleſchen Superintendenten G. O. Olearius
vom Jahre 1656

Der Brocken, Brockelsberg, Procopsberg, Bruchsberg, Meliboog, wie Er unterſchiedlich von den Landleuthen, in den Landkar=ten ꝛc. genennet wird, iſt gelegen vorn im Harz hinter Ilſenburg — von dem vorbenfließenden Waßer der Ilſe oder Ölſe alſo genannt, dadurch, wenns aufläufft, große Steine von vielen Centnern auf=gewelzet werden — Graff Heinrich Ernſts von Stollberg Reſidenz, allda wir Sonnabends den 19. Julii 1656 von Blanckenburg und Wernigerode ümb 10 Uhr ankommen, und weile von daraus noch 4 Stunden lang hinaufzureiſen, ſeynd wir ümb 11 Uhr einen ge=bähnten Fahr= und Holzweg hinaufgeritten, in die 8 mahl über den mit Brücken belegten Ilſeſtrohm, einen jähen hohen Felſen, der Ilſenſtein genandt, vorbey — von welchen unweit gegen über ein ander Felß, wegen der darauf befindlich glänzenden Steine der Demantberg genandt, gelegen — 2¹/₂ Stunden über ³/₄ Weges durch lauter Geſträuche und Gehölze von Ellern, Buchen, Tannen ſtets bergen, bis wir an die Radices oder Anfang des Berges kommen, da wir, weil wegen der vielen Klippen, Felſen, Teich und Brücken — worunter die Kellbeck und anderer Waßer mit großen Geräuſche herunter gefloßen — auch böſen, ſumpfichten moraſtigen Wegen und Stegen von Hölzern und Steinen gemacht — weil der gantze Berg wie ein Schwamm, ſo des allerhöchſten, allweiſenſten Schöpfers große Waßerkunſt wohl zu nennen, von welchen durch unzehlige Quellen viel Bäche und Flüße ins umliegende Land abfließen — nicht weiter zu Roß fortzukommen geweſen, die Pferde in Ver=wahrung der Diener ſtehen laßen müßen, und in die 6000 Schritte, ſo von uns abgewechſelt im aufgehen bey 1000 und 100 gezehlet

worden, den steigern hohen Berg nicht ohne große Ermüdung und
unterschiedene Ruhestättlein, wozu uns die mit dicken langen Moß
überwachsene Steine als sanffte Küßen zu statten kommen, vollends
hinaufgestiegen, da denn die Tannen und Bäume allmählig sich ver=
lohren und abgenommen, bis wir auf den platten Berg und deßen
Obertheil kommen, worauf wir bey schönen, hellen, beständigen
Wetter und Sonnenschein, auch ziemlich stiller temperirter Lufft ohne
Kälte und Winde — worüber der Wegweiser, weil es sonst un=
gewöhnlich, sich selbst verwunderte — kleine und großen Felsen oder
Klippen — bey deren etlichen als Tischen die Hexen ihren Tanz
halten sollen — ein fast dürres Land ohne Schnee, mit Heyde,
wenig Graß, und gleichwohl unterschiedene schöne Kräuter in viel
größerer Quantität als sonsten gefunden, und welches für andere
zu verwundern, einen schönen klaren, kühlen und süßen Quell, der
allmählig ein Bächlein gemacht, angetroffen, bey welchen wir uns
niedergelaßen, dem Allerhöchsten zu Ehren und Dank, der die
Berge geschaffen und fortgesetzet in seiner Krafft, auch nicht nur in
Gründen, sondern auf hohen Bergen Brunnen quellen läßet, das
Allein Gott in der Höh sey Ehr 2c. andächtig mit heller Stimme
gesungen, darauf nicht nur zu unserer Erquickung, sondern auch
unterthänigsten schuldigsten Andenken J. F. D. u. G. F. u. H., dann
unser Weiber Gesundheit aus gedachten Brunnquell einander zu=
getrunken und darauf denselben und folgenden Tag uns wohl be=
funden, ferner aufgestanden, auf der Höhe umhergegangen, und
uns ümgesehen, da wir nicht alleine den ganzen Harz samt seinen
Gebürgen, samt dero hohen Klippen der Erden gleich geschienen,
sondern auch manche nahe und abgelegene Länder, als Braunschweig,
Lüneburg, Heßen, Thüringen 2c. item Städte, Schlößer, Flecken,
Dörfer, gleichwie vom Himmel herab ersehen, und theils wegen der
großen Distanz, theils auch wegen des Heyderauchs durch das

97

Perspicill die wenigsten — viel weniger die Ost= und Westsee, wie im Topogr. Brunswic. vorgegeben wird — erkennen mögen. Auf dem Berge, so wohl im Nauf= als Herabsteigen ist uns kein einig Thier, ja kaum ein oder der andere Vogel vor Augen kommen, wie wohl bisweilen Bähren allda sollen gefunden werden, davon einer unlängst geschoßen, und deßen am Gräfl. Schloßthor ange= nagelter Kopf uns gezeiget worden. Als wir nun etwa ümb 3 Uhr auf den Berg kommen, darauf über eine Stunde bis nach 4 Uhren uns aufgehalten, sind wir wiederümb, wiewohl mit fast größerer Mühe und Gefahr herabgestiegen, da wir uns des Strauchelns und Fallens wegen vorgedachter böser Wege nicht allezeit enthalten können, biß wir zu unsern Pferden am Anfang des Berges kommen, da wir denn wieder herab geritten, und ümb 8 Uhr in die Herberge zu Ilsenburg wieder angelanget, und also in die 9 Stunden mit Auf= und Absteigung samt Besichtigung dieses Berges zugebracht.

Solo Deo Gloria.

Blick zum Inselsberge

98

Blick nach Wernigerode und Halberstadt

Stimmen über den Brocken aus 5 Jahrhunderten

Aus dem Lehnbriefe Kaiser Maximilians I. für den Grafen Botho zu Stolberg=Wernigerode. 11. 9. 1518.

„Und darumb mit wohlbedachtem Muthe, guttem Rath undt rechtem wißem dem gemelten Graff Botho undt seinen Erben den obbestimp= ten Brockellbergk mit aller Obrigkeitt undt Bergkwercken aller Metall, ob sich die an solchem Bergk begebenn, erzeigen unndt er= weckt würdenn; undt die Strassen in seiner Graffschaft undt Herr= schafft gelegen, als Römischer kanser zue Lehn gnediglich verliehenn."

*

Wendelin Helbach um 1570.

„Tief aus dem Bergwald raget des Harzes gewaltiger Gipfel,
Dem in der Buda Quell reichliches Wasser entströmt.
Weithin sieht in das Land, drum „proculus" sinnig bedeutsam:
„Weithinschauer" mit Recht Latiums Sprache ihn nennt.
Denn mit den Thüringer siehet den Scheitel der Sachse, der Hesse;
Ferne das Eichsfeld auch sieht ihn auf heimischer Flur.
Nicht mit dem Körper allein überragt er Hercyniens Höhen,
Wieviel auch im Gebirg steigen zum Himmel empor.
Auch durch Adel des Geistes besieget die Höhen er alle
Durch ureigene Kraft seines gefeierten Haupts:
Waltet auf ihm doch droben dämonische Kraft und die Hexe,
Mächtig, vorherzuerschaun klaren und regnichten Tag.
Sichere Kunst drauf bauet der Harzer, der mehr er vertrauet
Als dem Weisen, der ernst forschte der Wetter Gesetz.
Denn wenn früh er das Haupt durch Nebel verhüllet und dunkel,
Regen bringt er alsdann, Dunkelheit oder auch Schnee:
Doch wenn wolkenentblößt ihn die sengende Sonne beschauet,
Dann weiß jeder gewiß: helle wird leuchten der Tag."

*

Henni Arneken, Bürgermeister von Hildesheim. 3. 8. 1579.

„Den dritten Augusti zoich ich mith den beiden knechtten Henni
Dencker und Jochim Knibbenstick von Ilsenborg aff bis3 auff den
Bloicksberg, besichtigten alles was darranne und darauff zu bese=
hende war. Wir reden vast eine meil hinan, darnach moste wir
gehen, rouden by dem Sprinckborn in mitten am berge; oben auff ist
eine große heide, darauff liggen grosse steine, werden von verne vor suhe
angesehen, es3 ist auch ein sprinckborn wie ein dis3k groß darauff."

*

100

Aus dem Bericht der Quedlinburger Schüler. 1643.

„Endlich erreichen sie denn die höchste Spitze des erhabenen Brocken, hierin und dorthin rennen sie, und mit aufmerksamem Blick auf der Höhe sie Alles beschauen. Hier erblicken sie zuerst den grausen schwarzen Sumpf, dann den Born, entsprudelnd dem höchsten Gipfel des Brockenberges, und sie kosten die Fluten, die er ergießt. Hier sehen sie die ewig wogenden Massen des unermeßlichen Himmels, welcher mit weitem Gewölbe die Erde umschließt. Hier schauen sie auch, wie die weitglänzende Fackel der ausgebreiteten Erde, die Sonne, den blauen Wogen des Ozeans entsteigt, und mit eilenden Flammen jeglich Gefilde der Erde erhellt. Hier schimmert manches Land und viele Fluren, durch lange Räume getrennt, mächtige Städte finden sie und Burgen, auch breite Ströme, die Länder durchirrend, auch erhabene Bergrücken erblicken sie; dann schauen sie den Harz=wald, die Gefilde wo er anhebt, und die Fluren wo er endet. Hier zählen sie auch viele Hügel mit laubigem Haupt, Thäler erfüllt mit üppigem Gras, und Kräuter finden sie auf dem himmelragenden Berge, durch der Blumen unendlich wechselnde Farben verschieden. Doch nicht Alles vermag ich in meinen Versen zu umfassen; auch könnt ich, wären mir gleich hundert Zungen gegeben, doch nicht Alles würdig erzählen noch verkünden.“

*

Johann Royer. 1648.

„Sonderlich ist dieser Berg, vieler vornehmer Kräuter wegen, so da von sich selbst herfür kommen, sehr berühmt. Oben auff dem Berg ist die Pulsatilla in großer Menge, were zu wünschen, daß man zu der Zeit hinauff kommen könnte, da sie blühet, weil sie vielleicht unterschiedlicher Farben Blumen trägt, ist aber wegen vieles Schnees nicht fast müglich.“

*

Brockenreise eines Ungenannten am 5. 7. 1653.
(Anhang zu Prätorius' Blocksberges Verrichtung.)

„Sobald die Sonne die meisten Dünste verzehret, und die Wolken
abgetrieben, kunten wir uns nach allen Orthen umbsehen, daß einem
das Gesichte darüber verging. Dann es anders nicht schiene, als
wenn wir vom Himmel herab die gantze Welt übersehn könten, und
kunte das Gesicht die Weite umb uns herumb fast nicht begreiffen.
Ohn ist es nicht, daß auff solchem hohen Berge die großen Wunder=
werke Gottes genugsam zu sehen und zu verspüren, sondern auch
die Wirkung der Lufft, die Durchstreichung der Wolken nicht ohne
Verwunderung und Entsetzung allda sehen und empfinden kann,
zu geschweigen, was für herrliche, kräfftige, kostbare und seltzame
Kräuter und Wurzeln droben wachsen. Dann, indem wir uns mit
Beschauung derer in dem Grunde herumb liegenden Fürstenthümer,
Länder und Örter am besten ergötzeten, kam unversehens brausend
eine Wolke mit Nebel und Dünsten vermenget und überschattete
uns. So bald nun die Wolcken von uns zu weichen und uns
wiederumb zu verlassen begunten, sahen wir durch dieselben, sowohl
unter uns nach dem Erdboden, als insonderheit über uns, nach dem
Himmel zu, gleich wie ein brennendes Feuer, so man durch den Rauch
zu sehen pfleget, aus Ursach, weil es sowohl unten als gegen den
Himmel gantz klar und helle von dem Sonnenschein war. Bald aber
kamen die Wolken wiederumb, also daß es lauter Veränderung und
Verwechselung der Lufft gab, insonderheit aber kamen die Wolken
bisweilen etwas zu kurtz, daß sie uns nicht berührten, sondern et=
was unterwärts an den Berg anstiessen und also an demselben sich
zertheilen musten, da wir dann untenwerts alles finster und dunckel,
hinaufwerts aber gegen den Himmel zu alles hell und klar sehen
konten und also die Wunderwerke Gottes daselbst wohl sichtbarlich
seyn."

⁕

M. Zeiler (Merian) 1654.

„Bructerus Hercyniae montes supereminet omnes. Und ist gleichsam der Ober=Aufseher deß gantzen Hartzgebürges, sintemal er von so grausamer Höhe und Grösse, daß er weit in secundam aeris regionem reichet, daher seine Spitze die meiste Zeit des Jahres mit Schnee und Wolcken bedecket ist. Wenn der Schnee ungefehr nach St. Johannis deß Teuffers Fest, durch die Hitze der Sonnen heruntergebracht und das Wetter helle ist, kan man von demselben Berge die Stätte Magdeburg, Braunschweig und Lüneburg und an= dere mehr, gar eigentlich ersehen, ja sogar von ferne die Ost= und West=See erkennen. Gedachter Berg, ob er wohl einer gewaltigen Höhe, ist er dennoch über die Helffte der Höhe gantz sumpfig, daher auch an den meisten Örtern so wenig das Holtz als das Gras Men= schen und Viehe zu Nutz kommen, oder herunter gebracht werden kann, sondern verfaulen und verderben muß. Verwunderns werth ist wol, daß oben am Berge, auff einem ebenen Plan, zwey viereckige Sümpffe oder Heller zimlicher Grösse seyn, und fast auff der Spitze deß Berges ein schöner krystallklarer Brunn entspringet."

*

Georg Rollenhagen (Froschmäusler) 1683.

„Die Poeten schreiben uns dies
Für wahrhaftig und gantz gewiß,
Daß für etlichen tausend Jahren
Große Riesen auf Erden waren.
Biß Gott sie nicht mehr toben ließ,
Mit Blitz und Donner alls zerschmiß,
Daß Berg und Mann auff Stücken gehen,
Als noch am Brocken ist zu sehen,
Und aller hoher Klippen Spitzen,
Die voll alter Steinwacken sitzen."

Philander. 1729.

„Der in gantz Europa sehr berühmte Blocksberg liegt in Hessen zwischen Osterwig und Wernigeroda und ist nicht allein wegen seiner grausamen Höhe, so fast 2 Meilen seyn soll, sondern auch wegen der berühmten Hexenfahrt, so in der Walpurgisnacht dahin geschiehet, sehr berühmt. Dieser Berg wird vor den allergrößten in gantz Teutsch= land gehalten und ist gleichsam die Spitze derer Hartzgebürge, kan auch nicht eher als um Johannis herum, da es die längsten Tage giebet, erstiegen werden.

Es soll auch dieser Berg zuweilen scheinen, als wenn er rauchete und einen greulichen Dampff von sich geben, welches gemeiniglich ein Zeichen sey, daß ein grosses Ungewitter vorhanden, dahero die Umwohnenden das Sprichwort haben: „Der Broocken rockt."

Auf diesem Gebürge findet man grosse Klunsen und Ritzen, von welchen etliche vorgeben, daß sie zur Zeit des Leidens und Sterbens Jesu Christi entstanden wären, da sich die Berge geklöbet und die Felsen zerborsten und zersprungen sind.

Es soll auch dieser Berg so grausam hoch seyn, daß so man auf den obersten Gipfel stünde, so könte man, wenn man gerade für sich hinunter sähe, die Stadt Magdeburg erkennen. Wolte man aber Halberstadt sehen, so müsse man nicht gleich für sich hinunter sehen, sondern in etwas unter dem Berge bückend hinsehen, so deuchte es einem, als wenn der Berg den Augenscheine nach über Halberstadt gleichsam hinhinge, jedoch halte ich dieses letztre vor einen optischen Fehler."

*

Hofrat Anton Heinrich Walbaum. 11. 8. 1735.

„Wir continuirten unsern Weg und erstiegen den höhesten Brocken durch vielen Sumpf gegen 4 Uhr. Die Kälte war sehr leidlich, der Nebel überaus stark, der Boden steril, sumpfig, voller Klippen und

104

Bein=brechend. Eine kleine Quelle giebt ein überaus küles wohl=
schmeckendes Wasser; mange seltene Kräuter wurden uns gezeiget.
An unterschiedenen Orten wurde Feuer angeleget zum Koffe und
zur Wärme, auch die Forellen zu sotten, deren es hier zwar nur
kleine aber von sehr angenehmen Geschmack giebt. Wir waren un=
serer in allen über 50 Personen beysammen (auch Mitglieder der
gräfl. Familie). Die meisten lagerten sich um ein Feuer, da dann
gesungen und von denen 5 Predigers über Math. 4, 2 erwecklich
proponieret wurde. Nachdem wir uns zum Essen gelagert, verwan=
delte sich der starke Nebel in einen Regen, dabey wir aber die Speise
mit großem Appetit und vielem Vergnügen zu uns nahmen.
Um 10 Uhr traten wir unseren Rückweg an. Unser Aufzug war
dem derer Salzburgischen Emigranten ihren sehr ähnlich. Gott gebe
Glauben. Unten am Brocken sammelten wir uns neben einer Köte
auf einem Mäuler=Platz und stimmten daselbst mit vieler Erweckung
ein Lied an."

*

Albert Ritter, Rektor in Jlfeld. 1744.

„Alle Wege, welche dahin führen, sind unwegsam, uneben, voller
Steine und Felsen, daneben sumpfig, teils abhängend, teils steil und
überall lang und beschwerlich: dahero die Bewohner des Harzes, wann
sie einen alles böse wünschen, zu sagen pflegen: „geh an Brocken;
daß du an Brocken wärest."
Es müssen aber die curieusen Wanderer die rechte Zeit wahrnehmen,
wann sich der Blocksberg am besten besteigen läßt, denn was würde
es ihnen helfen, wenn sie alle Beschwerlichkeiten der Reise ausge=
standen hätten und die Witterung des Jahres erlaubete ihnen weder
Himmel noch Erde zu betrachten, da doch diese Anblicke eben die=
jenige vortreffliche Schaubühnen sind, welche uns alle Beschwerden
und Ungelegenheiten des Weges in Vergessenheit bringen.

Ein solcher Brockengänger nun muß mit tüchtigen Schuhen und keinen engen Beinkleidern, wegen der vielen steinigten und sumpfigen Wege versehen sein, er muß auch ein leichtes Kleid anhaben, weilen einen die vielen Kluften und beschwerlichen Wege den Schweiß über und über auspressen; nicht weniger muß er einen Regenmantel vor den dicken Dünsten und der feuchten regnichten Luft, ingleichen einen Pelz oder andern dicken Rock, sich der oben auf dem Berge wehenden kalten und heftigen Winde zu erwehren, bey sich führen, auch einen tüchtigen Stock in die Hand nehmen, wann der Fuß etwa ausgleiten sollte. Ferner muß er ein gutes Feuerzeug bei sich stecken, damit er Licht anzünden und eine Pfeife Toback rauchen könne, teils Zeit und Reise sich kurz und angenehm zu machen, teils die bösen und schädlichen Dünste zu vertreiben. Kann er sich auch mit gekochten, gebratenen oder geräucherten Speisen, einigen Flaschen guten Weine und Brandtwein versehen, so werden diese Dinge zur Labung und Erquickung seiner müden Glieder nicht wenig beitragen; wo nicht, so wird auch ein Stück Käse und Brodt, als der Gesunden beste Speise, und ein Trunk süßen, klaren und frischen Wasser, (welches man hier gewiß von solcher Güte antrifft, daß man sich darinnen nicht satt trinken kann) einem hungrigen Magen ebenso gut schmecken. Endlich wird er sich nach einer guten umgänglichen Gesellschaft umtun müssen, dann ein gesprächiger Gefährte, ist sonderlich auf diesem Wege so gut als ein Fuhrwerk."

*

Graf Fried. Leop. zu Stollberg. 1772.

„Heil Cheruskia Dir! furchtbar und ewig steht
Gleich dem Brocken Dein Ruhm! Donnernd verkünden Dich
Freiheitsschlachten! und donnernd
Dich unsterblicher Lieder Klang!"

Heinrich Christoph Hölty. 1776.

Die Schwalbe fliegt,
Der Frühling siegt,
Und spendet uns Blumen zum Kranze!
Bald huschen wir
Leis aus der Tür,
Und fliegen zum prächtigen Tanze!

Ein schwarzer Bock,
Ein Besenstock,
Die Ofengabel, der Wocken,
Reißt uns geschwind,
Wie Blitz und Wind,
Durch sausende Lüfte zum Brocken!

Um Belzebub
Tanzt unser Trupp,
Und küßt ihm die krallichten Hände!
Ein Geisterschwarm,
Faßt uns beim Arm,
Und schwinget im Tanzen die Brände!

Und Belzebub
Verheißt dem Trupp
Der Tanzenden Gaben auf Gaben.
Sie sollen schön
In Seide gehn,
Und Töpfe voll Goldes sich graben!

*

107

Was ist der Mensch, dass
Du sein gedenkest!

Goethe auf der Teufelskanzel in Begleitung des Försters Degen am 10.12.1777

Goethe an Frau von Stein am 10. Dezember 1777.

„Was soll ich vom Herrn sagen mit Federspulen, was für ein Lied soll ich ihm singen? Im Augenblick, wo mir alle Prosa zur Poesie und alle Poesie zur Prosa wird. Es ist schon nicht möglich, mit der Lippe zu sagen, was mir widerfahren ist, wie soll ichs mit dem spitzen Ding hervorbringen. Mit mir verfährt Gott wie mit seinen alten Heiligen, und ich weiß nicht, woher mirs kommt.

Das Ziel meines Verlangens ist erreicht, es hing an vielen Fäden, und viele Fäden hingen davon. Sie wissen, wie symbolisch mein Dasein ist. — Und die Demut, die sich die Götter zu verherrlichen einen Spaß macht, und die Hingegebenheit von Augenblick zu Augenblick, die ich habe, und die vollste Erfüllung meiner Hoffnungen.

Ich will Ihnen entdecken, daß meine Reise auf den Harz war, daß ich wünschte, den Brocken zu besteigen, und nun bin ich heut oben gewesen, ganz natürlich, ob mirs schon seit 8 Tagen alle Menschen als unmöglich versicherten.

Wie gerne schrieb ich jetzt nicht.

Ich sagte: ich hab einen Wunsch auf den Vollmond! Nun trete ich vor die Türe (des Torfhauses) hinaus, da liegt der Brocken im hohen herrlichen Mondschein über den Fichten vor mir und ich war oben heut und habe auf dem Teufels=Altar meinem Gott den liebsten Dank geopfert."

Aus Goethes Tagebuch.

„Den 10. früh nach dem Torfhause. Einviertel nach zehn auf den Brocken. Einviertel nach eins droben, heiter herrlicher Tag, rings die ganze Welt in Wolken und Nebel, oben alles heiter. Was ist der Mensch, daß Du sein gedenkest. Um viere wieder zurück. —

Ich stand wirklich am 10. Dezember in der Mittagsstunde, grenzenlosen Schnee überschauend, auf dem Gipfel des Brockens, zwischen

109

jenen ahnungsvollen Granitklippen, über mir den vollkommen kla=
ren Himmel, von welchem herab die Sonne gewaltsam brannte, so=
daß in der Wolle des Überrocks der bekannte branstige Geruch er=
regt ward. Unter mir sah ich ein unbewegliches Wogenmeer nach
allen Seiten die Gegend überdecken und nur durch höhere und tie=
fere Lage der Wolkenschichten die darunter befindlichen Berge und
Täler andeuten."

*

Aus dem Brockenstammbuch:

von Hagen. 16. 10. 1779.

„Wie viel Meilen in die Weite,
Wie viel Meilen in die Breite
Seh ich hier Flüsse, Städte, Land
Gleich einem Teppich ausgespannt!
Doch wollt ich gern die Aussicht missen,
Nach Ländern, Städten, Dörfern, Flüssen,
Wenn, Brocken, dein ehrwürdig Haupt,
Benadelt wäre und belaubt;
Wenn so nach Zwanzig=Endner=Hirschen
Mein Herr könnt aus dem Fenster bürschen,
Dann wärst du doppelt schön für mich;
Doch so wünscht nur ein Waidmann dich."

Heinr. Haubold von Zanthier. 24. 7. 1780.

„Götter! in die blaue Weite
Meiner Landschaft sah ich hin;
Gebt, o gebt mir das Geleite,
So lang ich unter Weges bin!
Pfeif ich, nach der Wandrer Sitte,
Meinen letzten steilen Berg hinab:
O! so nehmt mir, bitte, bitte,
Meinen Stab in Ehren ab!"

110

Johann Esaias Silberschlag,
Oberkonsistorial= und Oberbaurat in Berlin. 1780.

„Der Brocken ist nicht ein einzelner Berg, sondern ein Gebürge, das viele Nebenberge unter sich begreifet, denen er gleichsam im Schooße sitzet. In Entfernung von einigen Meilen siehet er höher aus als in der Nähe, und jede Annäherung scheinet ihn zu erniedrigen. Gehet es doch wohl großen Männern nicht anders, wo das Sprüchwort oft zutrifft: Minuit praesentia famam. Hat man aber erst den Berg selbst erstiegen, so verwandeln sich alle umliegende Gegenden in eine Wiese mit soviel Maulwurfshügeln besetzt als Berge vorhanden sind. So werden verdiente Leute, welche der Neid unterdrückte, wieder groß, sobald man ihres Beistandes bedarf.

Ein uralter Berg! der Spuren genug aufweiset, daß er bey der Schöpfung entstanden, die Wut der Sündflut erfahren und alle folgende Zeitläufe hindurch dasjenige geblieben, was er noch ist. Der uralte Brocken, o möchte in seinen Höhlen ein Archiv der alten teut= schen Geschichte verwahret liegen; wenigstens ist er bei allen unseren Schicksalen zugegen gewesen.

Große Berge sind ein Geschenk der Natur, das jeder Besitzer gern mit einem fruchtbaren Gefilde vertauschen würde. Ihr Gipfel ist unfruchtbar, ihr Granit taugt nicht zu Gebäuden, sie veranlassen rauhe Witterungen, die von ihnen herabstürzenden Wolkenbrüche sind gefährlich, und den Reisenden verschaffen sie die beschwerlichsten Wege. Was für einen großen Gewinn würde die ganze Grafschaft Stolberg aus ihrem Lande ziehen, könnte sie ihre Berge in Wiesen und Kornfelder verwandeln! In der Grafschaft Wernigerode ist Religion und darum wünschte ich, daß recht viele ihres Segens teil= haftig werden möchten. Daher lagerte der Schöpfer in die Mitte dieses Reviers diesen Berg hin und schuf ihn in solcher Höhe und Umfange aus dem Abgrunde herauf, damit seine Quellen gleich bei ihrem Ursprunge so wasserreich wären, Hüttenwerke zu bedienen, und dieser Schatz der Erde nicht ungenutzet bliebe. Also lieget der Brocken am rechten Orte!"

*

v. Trebra, Berghauptmann. 1785.

„Dieser höchste Punkt ist der aller Welt bekannte zweyköpfige Brok= ken, der den Eckstein des ganzen Harzgebirges ausmacht. Der große Brocken, nachdem er in das sehr tiefe Thal bey Wernigerode steil abgefallen ist, hängt nur mit unbeträchtlichen, ihm wenig über die Knie reichenden Bergen zusammen, die sich bald in das ebene Land hin verlaufen; vom kleinen Brocken (jetzt Königsberg) zieht sich der auch noch beträchtlich hohe Rücken, den wir Bruchberg nennen, gegen Abend durch den Harz.

In diesem ganzen Umfange ist alles Granit, aus beynahe ganz weißem, nur sehr wenig in das Fleischrothe sich ziehenden Feldspath, aus Quarz und schwarzem Glimmer gemischt.

Der große und kleine Brocken, welcher letztere dem erstern weit höheren gegen Abend liegt, sind von einem ziemlich breiten flachen Thale getrennt, worin Torflager sich befinden. Beyde hohe Köpfe stehen isoliert, fallen nach allen Seiten hin ab, der Große am stärk= sten, besonders stark gegen Mitternacht und gegen Morgen. Nur wenige und nicht sehr hohe bloßstehende Felsen trifft man auf bey= den noch an und diese sind auch schon sehr zerspalten, dem Herein= stürzen sehr nahe. Die ganze Oberfläche beyder scheint aus lauter großen Massen abgerissener Granitstücke zusammengeworfen zu seyn, die ich von ehemals blosgestandenen, nun zerfallenen Felsen und Klippen hierher geschüttet annehme. —

112

Kleine unansehnliche, wohl hundertjährige Fichten stehen hier (im Brockenfeld zwischen Torfhaus und Oderbrück) doch schon wieder einzeln im Bruch, da deren am Brocken fast gar keine stehen."

*

Amtskommissar Chr. Fr. Schröder. Wernigerode. 1785.

„Das Eigene des Brocken übertrifft alle Vorstellungen, und gewiß ein jeder, der diese hohe Walfahrt mit Geschmack und Empfind= samkeit gemacht hat, bricht mit dem Bekenntnis heraus: daß er weit mehr angetroffen, als er erwartet. Man kömmt so ganz in eine andere Sphäre, wird so ganz von ungewohnten Gegenständen überrascht, daß es für den Freund der Natur zu viel ist. Die stärkste Einbildungskraft findet hier des Stoffs zu viel, um alles mit Nach= denken sich eigen machen zu können. Wer also nicht bloß nach dem Brocken reiset, um sagen zu können: er sei auf dem Brocken ge= wesen, der muß, um seine Schönheiten und Merkwürdigkeiten in abnehmender Zerstreuung kennen zu lernen, ihn oft und wiederholt bereisen. Mit jeder Reise wird solch einem Freunde der Natur der Brocken lieber werden, und mit jeder Wiederholung der Reisen werden seine Beobachtungen sich erweitern. Ich kenne empfindsame Brockenreisende, denen eine Brockenreise gleichsam ein alljährliches Fest geworden, und die einen Sommer für halb verloren schätzen, in welchem sie nicht auf dem Brocken gewesen sind."

*

Heinrich von Kleist. 1797.

„Und nun, mein Freund, will ich Ihnen eine Lehre geben; diese Lehre ist, von den Wegen, die zwischen dem höchsten äußeren Glück und Unglück liegen, grade nur auf der Mittelstraße zu wandern, und unsre Wünsche nie auf die schwindlichen Höhen zu richten. —

113

Wie wenig beglückend der Standpunkt auf großen außerordentlichen Höhen ist, habe ich recht innig auf dem Brocken empfunden. Lächeln Sie nicht, mein Freund, es waltet ein gleiches Gesetz über die moralische wie die psychische Welt. Die Temperatur auf der Höhe des Thrones ist rauh, so empfindlich und der Natur des Menschen so wenig angemessen, wie der Gipfel des Blocksbergs, und die Aussicht von dem einen so wenig beglückend wie von dem andern, weil der Standpunkt auf beiden zu hoch, und das Schöne und Reizende um beides zu tief liegt."

*

Chr. W. Spieker. (Superintendent in Frankfurt a./O.) 1800.

"Und siehe da, das gastliche Strohdach der Heinrichshöhe, der Vorhalle des Brockens, drang durch das Gewölk. Kolumbus kann die neue Welt nicht mit größerem Jubel begrüßt haben, als wir diese ärmliche Herberge. Wir hatten den ganzen Tag auf dieser Hexenfahrt zugebracht, wenig genossen, waren bis auf die Haut durchnäßt und vom Sturm tüchtig durchgeschüttelt. Nun wollten wir auf unsern Lorbeeren ausruhen und dem ermüdeten Leib etwas zu Gute tun. Hilf Himmel! Wie blieben wir erstarrt stehen, als wir die Stubentür öffneten und in dem engen Gemach Kopf an Kopf gedrängt erblickten. Dabei ein Lärm und ein Getöse, ein Rufen und Schelten, ein Singen und Lachen, ein Ach und Weh, daß wir meinten, in ein Narrenhaus geraten zu sein. Gegen vierzig Menschen waren hier aus allen Weltgegenden zusammengekommen, um der Sonne Auf- und Untergang, eine sternhelle Nacht oder den aufgehenden Mond, und weit um sich her die unermeßliche Landschaft zu sehen. Und nun kommen sie nach großer Anstrengung und weiten Reisen in eine wüste Wolkenbrauerei, in einen rauhen, kalten, stürmischen Luft-

114

strom, in ein elendes, enges und armseliges Wirtshaus, wo kaum das Notwendigste und Unentbehrlichste für schweres Geld zu haben ist. Unter den Gästen befanden sich Studenten von 5 Universitäten; diese hörten kaum, daß Hallenser angekommen, als sie sich zur Tür drängten, uns Eingang und durch Zusammenrücken Plätze verschafften und uns mit einem traulichen Schmollis willkommen hießen. Sie waren wie die meisten Gäste halb entkleidet, denn die nassen Kleider hingen zum Trocknen um den Ofen und auf Leinen, die durch die überheizte Stube gezogen waren. Wir taten dasselbe mit unsern Röcken und Jacken. Nun denke man sich in dieser heißen Stube die Ausdunstungen der Menschen und nassen Kleider mit dem Dampfe von etwa 30 Pfeifen. Die Studenten konnten zu jener Zeit noch in Wahrheit sagen: Wir sind die Könige der Welt!, und so kamen wir denn auch hier bald zur gehörigen Geltung und erhielten vor allen andern ein erträgliches Abendessen. Nun war aber auch alles Ungemach vergessen. Wir lachten über unsere Zigeunerwirtschaft, verhöhnten den Sturm, der unsere Hütte umbrauste, sangen fröhliche Burschenlieder und ergingen uns auf den blühenden Gefilden des freien Burschenlebens. Nun aber kam die Nacht, und es sollten Schlaf= und Lagerstätten eingerichtet werden. Wir legten mit Hand an, stülpten Schemel und Bänke um, streuten naß gewordenes Stroh und Friesdecken darüber und wünschten den trübseligen Gesichtern eine gute Nacht. Wir aber zogen unsere noch feuchten Kleider an und streckten unsere matten Glieder auf dürres Gras und Kraut, das nur kümmerlich den Boden bedeckte."

*

Ernst Schulze (der Sänger der „Bezauberten Rose) am 17. 7. 1813.

„Sinnend stand ich und still auf des Brockens öden Granithöhn; Kühn auf Felsen gestützt, wähnte sich sichrer die Kraft.

Nebel umzog das Gebirg, und es floß grauwogende Dämmrung
Rings durch die Tief', und es sank dunkel die zitternde Glut.
Fruchtlos schauten die Wanderer hin ins Thal, und es klagte
Jeglicher, daß kein Dank lohne den schwierigen Pfad.
Aber entzückt hob sich der Geist des sinnigen Dichters,
Und aus leichtem Gewölk schuf er ein Zaubergefild!
Form und Gestalt rang schnell aus dem Nichts sich empor, und
Tagte das Bild, ringsum wallte lebendiger Reiz,   [bedeutsam
Berghöhn türmten sich kühn, auf zackigen Klippen erhob sich
Dunkel der Wald, und es schwamm zitternd der silberne See.
Inselchen lockten mit stillem Gebüsch, leichtschwankende Nachen
Wiegten zum heimlichen Sitz harrender Liebe sich hin,
Wiesen verbreiteten rings ihr Blütengewand um des Flusses
Rollende Flut, und es schwieg ruhend das schattige Tal.
Alles erschien mir fern wie ein freundliches Land der Verklärung,
Und nicht sterbliche Lust lächelte mir dort herab.
Denn schon schwamm die erbleichende Glut tief unter der Dichtung
Leuchtender Welt, stets hob höher das Bild sich empor;
Herrlicher säumte sich stets mit flammendem Golde der Sehnsucht
Wundergebiet, stets ward dunkler das irdische Tal."

*

W. Kreyser, Bergbeflissener aus Thale. 1821.
(Aus dem Brockenstammbuche)

„Ehrwürdiger Brocken, wie du ein ewiger Herrscher der Berge
Des Landes der Treu und des Brudersinns bist,
So möge auf ewig der König der Ströme Teutonias,
Der brausende Rhein, dies freie Land schützend begrenzen!

116

Erblühe und grüne, o Freiheit, im Vaterland Hermanns und Luthers,
Und nie berausche rebellischer Taumel des Südens
Den teutschen Sinn, in Hoffnung ruhig genährt.
Wär unser Volk auch gedrückt, so ists der Herrscher nicht minder
Im Kampfe gegen den Schein und das schwere Verhältnis der Zeit.
Nur Vertrauen zu seinem heiligen und redlichen Willen
Schützt dich, erhabener Berg, dereinst vor der höhnenden Schmach,
Die Fahnen der trugvollen Franken oder der rauhen Barbaren
In deinen Gefilden siegreich wehen zu sehn.   [aus Osten
Wehe dir, wenn unsinniges wütendes Rasen
Nicht Freiheit, nein Frechheit zum Throne erhebt
Und teutsche Kraft im innern Kampf schändlich verblutet!"

*

Heinrich Heine. 1824.

„In hohem Grade wunderbar erscheint uns alles beim Hinabschauen
vom Brocken, alle Seiten unseres Geistes empfangen neue Eindrücke,
und diese, meistens verschiedenartig, sogar sich widersprechend, ver=
binden sich in unserer Seele zu einem großen, noch unentworrenen,
unverstandenen Gefühl. Gelingt es uns, dies Gefühl in seinem Be=
griffe zu erfassen, so erkennen wir den Charakter des Berges. Dieser
Charakter ist ganz deutsch, sowohl in Hinsicht seiner Fehler, als
auch seiner Vorzüge. Der Brocken ist ein Deutscher. Mit deutscher
Gründlichkeit zeigt er uns, klar und deutlich, wie ein Riesenpanorama,
die vielen hundert Städte, Städtchen und Dörfer, die meistens nördlich
liegen, und ringsum alle Berge, Wälder, Flüsse, Flächen, unendlich
weit. Aber eben dadurch erscheint alles wie eine scharf gezeichnete,
rein illuminierte Spezialkarte, nirgends wird das Auge durch eigent=
lich schöne Landschaften erfreut; wie es denn immer geschieht, daß

117

wir deutſchen Kompilatoren wegen der ehrlichen Genauigkeit, wo=
mit wir alles und alles hingeben wollen, nie daran denken können,
das Einzelne auf eine ſchöne Weiſe zu geben. Der Berg hat auch
ſo etwas Deutſchruhiges, Verſtändiges, Tolerantes; eben weil er
die Dinge ſo weit und klar überſchauen kann. Und wenn ſolch ein
Berg ſeine Rieſenaugen öffnet, mag er wohl noch etwas mehr ſehen,
als wir Zwerge, die wir mit unſern blöden Äuglein auf ihm herum=
klettern. Viele wollen zwar behaupten, der Brocken ſei ſehr phi=
liſtröſe, und Klaudius ſang: „Der Brocken iſt der lange Herr Phi=
liſter!“ Aber das iſt ein Irrtum. Durch ſeinen Kahlkopf, den er
zuweilen mit einer weißen Nebelkappe bedeckt, giebt er ſich zwar
einen Anſtrich von Philiſtröſität; aber, wie bei manchen andern
großen Deutſchen, geſchieht es aus purer Ironie. Es iſt ſogar notoriſch,
daß der Brocken ſeine burſchikoſen, phantaſtiſchen Zeiten hat, z. B.
die erſte Mainacht. Dann wirft er ſeine Nebelkappe jubelnd in die
Lüfte und wird, ebenſogut wie wir übrigen, recht echtdeutſch roman=
tiſch verrückt.“

*

Hans Chriſtian Anderſen. Sommer 1831.

„Hier bekam ich einen Begriff von einem nordiſchen Hünengrabe
ſo recht im Großen. Der Brocken iſt ein ſolches. Stein liegt auf
Stein gehäuft und über dem Ganzen ruht eine wunderbare Stille.
Kein Vogel zwitſchert in dem niedrigen Fichtengeſtrüpp; rund um=
her wachſen weiße Grabesblumen in dem hohen Mooſe und überall
liegen Steine maſſenweiſe zerſtreut. Nun waren wir oben, aber
alles war von Nebel umhüllt. Wir ſtanden in einer Wolke. —
Der Mond drang allmählig durch den Nebel und warf ſeine Strahlen
in die lange ſchmale Kammer; ich konnte nicht ſchlafen und ſtieg

deswegen den Turm hinauf, um die Aussicht zu genießen. Wer einmal im Traum über die Erde dahin geflogen ist und Länder und Städte und Wälder tief unter sich gesehen hat, der kann sich eine entfernte Idee von dieser unbegreiflichen Herrlichkeit machen. Pechschwarz lagen die mit Fichten bewachsenen Berge unter mir, weiße Wolken, vom Mond beschienen, fuhren wie Geister an den Bergen vorüber. Da gab es keine Grenzen; das Auge verlor sich in einer Unendlichkeit; Städte mit ihren Türmen, Kohlenbrenner= hütten mit ihren Rauchsäulen ragten aus dem durchsichtigen Nebel= schleier hervor, den der Mond beleuchtete. Es war eine Traumwelt der Phantasie, die hier lebendig vor mir lag. Der Nebel stieg höher und höher zwischen den schwarzen Bergen; die Wolken formten sich in wunderbare Gestalten. Dort, dachte ich, dort in diesem weiten Umkreise wächst die Zauberblume, die „Glücksblume" der Harz= bewohner, die manches kindliche Herz noch in frommer Einfalt sucht."

*

Brockenwirt K. E. Nehse. 1840.

„Fürchterlich, nicht arg genug zu schildern, ist öfters das Wetter hier oben in den Wintermonaten; wirbelnde Schneemassen verdicken und verfinstern die Luft, nicht möglich ist es, einen Schritt vor sich zu sehen, und oft wird man bedroht, zu ersticken. Bis auf den bloßen Leib dringt der Schnee durch die Kleidung, die oft noch durch den, dieses böse Wetter stets begleitenden Sturm zerrissen oder dem Leibe entrissen wird. Gräßlich ist das Brausen und Heulen des Sturmes, alle nur mögliche Schauder erregende Töne bringt er hervor, selbst seine eigene Stimme hört man nicht, nur kriechend kann man sich fortschleppen, und wehe dem, den ein solches Wetter hier überfällt, und der nicht bald einen bergenden Ort findet, un= rettbar ist er verloren."

119

Deutſchland, Deutſchland über alles!

Wilhelm Raabe. 1861.

„Die Berge ſind den Göttern heilig; — hebe das Haupt und blicke auf aus der dumpfigen Luft, aus den ſchweren Nebeln, welche über der Gegenwart hängen, auf zu den drei deutſchen Gipfeln, welche alle übrigen überragen, auf zum alten Brocken, auf welchem deutſcher Geiſt dem bildloſen Wodan opferte, auf welchen deutſcher Geiſt den Fauſt im ewigen Streben nach der Löſung der Rätſel der Menſch= heit führt; — blicke auf zur Wartburg, wo das alte Geiſtesrüſtzeug, die „gute Wehr und Waffen" unſeres Volkes, neu geſchmiedet wurde; — blicke auf zum Kyffhäuſer, in welchem die große Zu= kunft der Stunde harrt, in welcher die Raben nicht mehr fliegen werden, die Stunde, wo „ein Volk geboren wird". — Welch eine andere Nation kann ſolche Bergesgipfel aufweiſen? — "

G. A. Leibrock. 1864.

„Die Aussicht ist groß, unermeßlich, man möchte sagen, sie ist mehr
groß, als schön. Leider verlieren viele Brockenbesucher die schönen
Stunden hier oben mit dem Aufsuchen ferner, kaum wahrnehmbarer
Punkte, und das, was allein dem Blick von diesem hohen Stand=
punkte einen Wert giebt, entgeht ihnen darüber. Dies ist, außer
dem großartigen, fast betäubenden Totaleindrucke, vorzüglich der
Blick auf die näher liegenden Gegenden, auf den Harz selbst, der
in nächster Nähe so herrlich ausgebreitet daliegt. Es ist ferner an
den meisten Tagen des Jahres das seltsame eigentümliche Schau=
spiel, welches die ewig wechselnden Wolkenbilder vor den Augen
aufrollen. Viele kehren unbefriedigt vom Brocken heim und murren
über die Nebel, welche ihnen die gehoffte schöne Fernsicht entzogen,
während andere von demselben Tage und derselben Stunde und
denselben Nebeln mit Begeisterung erzählen und die Momente für
unvergleichlich und und unvergeßlich erklären. Und das sind sie!
Das wölkt sich zusammen zu einem dichten Nebelflor, aber in ihm
sehen wir noch dichtere und dunklere Wolkengestalten einherziehen,
seltsame, luftige Gestalten, gleich den Geistern der Vorzeit, gleich
den Geistern der Helden aus Ossians Gesängen, die da sitzen in
ihren stürmischen Hallen, in den Kammern des Donners, und fahren
einher auf ihren Wolkenwagen, in dunkeln Rüstungen, in der Faust
das luftige Schwert oder einen Nebelstreif als Speer, so dem flie=
henden Feinde oder Eber nachstürmend.
Unbeschreiblich schön sind die Momente, wo diese Nebel auf einen
Augenblick zerreißen und einen kurzen Blick in die leuchtende Land=
schaft unten gestatten. Ebenso gewährt einen unbeschreiblich herr=
lichen Anblick der Sonnenauf= und Untergang. Keine Feder würde
im Stande sein, den Eindruck auch nur annähernd wiederzugeben.
Vor diesem großartigen und entzückenden Bilde verstummt jedes

Wort; nur in ehrfurchtsvollem Schweigen offenbaren sich die Gefühle, die es hervorruft.

Eine nicht minder prächtige Erscheinung, noch erschütternder als jene und oft von furchterregender, oft von erhebender Wirkung ist ein Gewitter, namentlich dann, wenn die schwarzen Wolken auf den Fittichen des Sturmes tief unter uns über die Berge des Harzes in das Land hinabbrausen, und tief, tief zu unseren Füßen die Donner rollen und die Blitze sich kreuzen, während wir hoch über den Wolken stehen, und das blaue Himmelszelt sich in voller Klarheit um uns ausspannt und die Sonne freundlich herniederlächelt."

*

Eduard Jacobs. 1879.

„Die Natur des Brocken ist auch bei den gänzlich umgestalteten Verkehrsverhältnissen unserer Tage dieselbe geblieben. Auch heute liegen für die weitaus größte Zahl der Waller die Richtwege von der stellenweise sehr schönen Kunststraße vielfach ab, und wo der Sinn für den Reichtum und die Herrlichkeit der Gottesschöpfung nicht erstorben ist, da offenbart sie sich ebenso dem Wanderer unserer Tage, wie dem kühnen einsamen Vorgänger in alten Zeiten. Durch eine solche seit Jahrhunderten zu verfolgende Einwirkung auf zahlreiche Menschengeschlechter ragt aber die bescheidene rauhe Brockenhöhe über zahlreiche weit mächtigere Erdgebirge hoch empor."

*

Harweck-Waldstadt. Brockenbuch 1888.

„Nach geschichtlich überlieferten und in der Abschrift noch vorhandenen „Gelübden" dürfte es nicht unwahrscheinlich sein, daß die alten Sachsen auf dem Brocken und zwar auf den dort befindlichen großen Steinblöcken dem Wodan ihre Opfer darbrachten. Im Archiv des

122

Goslarschen Rathauses befindet sich die Abschrift eines solchen Ge=
lübdes, welches geleistet wurde, als die Sachsen von Karl dem Großen
hart bedrängt wurden. Es lautet: Hilli kroti Woudana, ilp osk
un oskep pana Witekin ok kelta of ten aiskena Karelui ten
sklaktenera. Ik tif in ur un tu scapa un tat rof. Ik stacte ti all
franka up tinen iliken Artisberka! Im heutigen Deutsch: Heiliger
großer Wodan, hilf uns und unserm Hauptmann Wittekind, auch
dem Unterfeldherrn gegen den abscheulichen Karl den Schlächter.
Ich gebe Dir einen Auerochsen und zwei Schafe und den Raub. Ich
schlachte Dir alle Franken auf Deinem heiligen Harzberge."

*

Wilhelm Busch. 1904.

„In der ersten Nacht des Maien
  Läßt's den Hexen keine Ruh;
Sich gesellig zu erfreuen,
  Eilen sie dem Brocken zu.
Dorten haben sie ihr Kränzchen.
  Man verläumdet, man verführt,
Macht ein lasterhaftes Tänzchen,
  Und der Teufel präsidiert."

*

Hans Hoffmann. 1907.

„Man wird nicht den Brocken verachten, wenn man das Matter=
horn, den Rosengarten, die Jungfrau gesehen hat; man wird ihn
begreifen als eine eigene Welt für sich mit seiner eigenen Schönheit,
die jene nicht haben und nicht haben können. Es giebt doch zu den=
ken, in wie begeisterten Tönen der Mann mit dem beispiellos offe=
nen Auge, Goethe, der die Schweiz längst kannte, die Brockenland=
schaft zu preisen weiß, wie ihn die Harzreise beseligte. —

So leicht wird niemand den Brocken unerstiegen lassen, den alles
überragenden Gipfel, den einzigen des Harzes, der Weltruf hat, und
zwar von allen außeralpinen deutschen Bergen. — Die Aussicht,
die er bietet, ist die weiteste wohl, aber malerisch keineswegs die
schönste, vielmehr wird er in dieser Hinsicht von sehr vielen, draußen
wenig bekannten Harzhöhen oft erheblich übertroffen. Aber er giebt
doch über die ganze Gestaltung des Gebirges eine geographische
Übersicht von unvergleichlicher Klarheit."

*

Pastor Vorwerk-Schierke. 1908.

„Der Brocken und Goethe. — Goethe war ein Dichter, groß als
Dramatiker, größer als Epiker, am größten als Lyriker. Genau
so ists mit dem Brocken. Er ist groß, wenn er als Dramatiker seine
Heldengestalten über die Bergbühne dahinschreiten läßt. Drama-
tische Helden, die sich in heißem Kampf ihr Geschick zimmerten,
sind die Felsen und Erdmassen, aus deren Heben und Senken und
Drücken und Schieben der Brocken entstanden ist. Dramatische
Helden sind die Krüppelfichten, die an den Brockenabhängen ihre
Stirn dem Sturm bieten, arg zerzaust und doch nicht zerbrochen.
Aber der Brocken ist groß auch als epischer Erzähler. Wenn er
berichtet von den Hexen und dem Teufel, vom wilden Jäger und
von den Venedigern, die sich am Brocken waschen, um sich in Venedig
zu trocknen, dann lauscht jeder gern, und mancher lernt das Gruseln
dabei. Daß der Brocken auch als Lyriker bedeutend ist, ist nicht so
allgemein bekannt. All die grünen Flechten auf den grimmen grauen
Steinblöcken, all die lieblichen Brockenanemonen und feinen Moose,
all die seltsamen Schattengespenster des Herbstnebels und die zier-
lichen Zuckerbäckereien des weihnachtlichen Rauhreifs, all die
blutigen Sonnenuntergänge und veilchenfarbenen Mondaufgänge

124

sind lyrische Brockengedichte von Goethischer Schönheit. Wer den Brocken in dieser Schönheit geschaut hat, den nimmt der alte Harzriese an der Hand und führt ihn hin zu seinem Riesenbruder Goethe und macht ihn geistesverwandt mit dem Alten von Weimar."

*

Johannes Trojan.

„Aus dem Harzland reckt der Brocken
Hoch empor sich trotzig kühn,
Oft bestreut mit weißen Flocken,
Wenn es unten alles grün.

Oft, den Blicken zu entschwinden,
Hüllt er sich in Nebel dicht;
Zwiesprach hält er mit den Winden,
Und sehr friedlich klingt es nicht.

Aber trotz des Sturmes Wüten,
Der ihn ungestüm umschnaubt,
Schmückt ein Kranz von holden Blüten
Um die Sommerzeit sein Haupt.

Frühling, wenn er herrscht im Tale,
Wagt sich auch zu ihm hinauf;
All der Schnee, im Sonnenstrahle
Löst er sich zu Bächen auf.

Aus dem Grund, dem quellig – kalten,
Ringt sich frisches Leben los,
Und anmutige Gestalten
Steigen auf aus Moor und Moos.

Dolden glänzen, Rispen schwanken,
Sternlein glänzen zierlich — fein,
Ein Gespinst von grünen Ranken
Überzieht das Felsgestein.

Mit dem Schroffen, mit dem Harten
Eint sich das, was zart und schön;
Dank dem Schöpfer, der zum Garten
Wandelt auch die rauhen Höhn!"

*

Rudolph Schade am 26. April 1925.
(Als Wahlvorstand der ersten Wahlhandlung auf dem Brockengipfel)

„Meine Herren! Es sind abgegeben für Hindenburg 87 und für
Marx 13 Stimmen."

*

Wolkenhäuschen mit Blick nach Ilsenburg

Brockenbilder

1. **Der große und kleine Blocksberg.** Aus Joh. Royer: Beschreibung des gantzen Fürstl. Braunschweigischen Gartens zu Hessen. Halberst. 1648.

2. **Der Klotzberg.** (Hügel am Großen Bruch. Im Hintergrunde der große und kleine Brocken. Als kleinen Brocken bezeichnet Royer die heutige Heinrichshöhe.) Aus demselben Werke.

3. **Bloks Bergs Verrichtung.** (Walpurgisnacht.) Aus Joh. Praetorius: Blokkes Berges Verrichtung oder ausführlicher geographischer Bericht von dem hohen trefflich alte und berühmten Blockes=Berge; ingleichen von der Hexenfahrt und Zauber=Sabbathe, so auff solchen Berge die Unholden aus gantz Teutschland jählich den 1. Mai in St. Walpurgis Nachte anstellen sollen. Leipzig 1669.

4. **Prospectus Bructeri a plaga orientali.** 1. und 2. Bructerus major et minor; 3. Oppidulum Ilsenburg; 4. Coenobium virginum Drübeck; 5. Pagi Olenrode et Dalligerode; 6. Pagus praefecturalis Hasserode; 7. Oppidum Wernigerode. Aus Albert Ritter: Relatio Historico-curiosa de iterato itinere in Hercyniae montem famosissimum Bructerum. Helmstedt 1740.

5. **Rupes der Ilsenstein dicta,** quam praeterfluit flumen die Ilse. Im Hintergrunde der Brocken. Aus demselben Werke.

6. **Perspektivische Vorstellung des berühmten Blocken oder Blokenbergs** mit derjenigen Gegend, so weit solche von dem, der auf der Spitze des Berges stehet, gesehen werden kann. Gezeichnet anno 1732 von L. S. Bestehorn, herausgegeben von Homann, Erben. C. P. S. C. M. 1749.

7. **Brocken vom Torfhaus aus gesehen.** Bleistiftzeichnung Goethes am 10. Dezember 1777 auf seiner ersten Harzreise. Vgl. die Briefe an Frau v. Stein: „10. Dezember 1777. Jetzt bin ich auf dem sogenannten Torfhause, eines Försters Wohnung zwei Stunden vom Brocken. — Clausthal, den 11. — Er lag vor mir klar wie mein Gesicht im Spiegel. — Und heute Nacht bis früh war er im Mondschein sichtbar und finster auch in der Morgendämmerung. —"

8. **„Die Heinrichshöhe auf dem Brocken.** Farbenskizze von Schoener, wonach späterhin der Kupferstich von J. F. Klusemann in aberlischer Manier zu Magdeburg erschienen ist." Farbige Feder= und Buntstiftzeichnung auf grobem

grauen Papier. Der Klusemannsche Stich ist 1799 datiert. Original im Fürst Otto Museum zu Wernigerode.

9. „Aussicht vom Hohen Brocken nach Heinrichs Höhe" usw. Farbenstich von Joh. Friedr. Klusemann, Magdeburg 1799, nach ebensolcher Skizze Schoeners, wie das vorhergehende Blatt. Original im Fürst Otto Museum zu Wernigerode.

10. Der Brocken. Kupferstich, bezeichnet: Scheele fecit 1806. Fürst Otto Museum zu Wernigerode.

11. Vornehme Gesellschaft auf dem Brocken. Kupferstich eines unbekannten Künstlers um 1810. Das auch koloriert vorkommende Blatt wurde vielfach als Jéromes Besuch auf dem Brocken gedeutet. Original im Fürst Otto Museum zu Wernigerode.

12. Ansicht des Brockens von der Morgenseite. Nach der Natur gezeichnet und gestochen von K. Mittag in Bernburg, 1822, im Verlage des Kunst-Komtoirs zu Magdeburg. Handkolorierter Kupferstich, Original im Fürst Otto Museum zu Wernigerode.

13. „Ansicht des Brockens und der Hirschhörner auf dem Wege von Andreasberg." Handkolorierter Kupferstich eines unbekannten Stechers. Göttingen bei Wiederhold. Um 1830.

14. Brockenreise auf Maultieren. Einblattdruck in verschiedenen, der wechselnden Mode angepaßten Varianten, teils in Lithographie, teils in Kupferstich von etwa 1830 an. Exemplare im Reichspostmuseum und im Fürst Otto Museum zu Wernigerode.

15. Brockenhaus von der Rückseite. Kleines Ölgemälde von Carus im Besitz des Goethe Nationalmuseums in Weimar. Um 1835.

16. „Das Brockenhaus im Winter." 1844. Lithographie von Hertz nach Zeichnung des Brockenwirts Nehse unter Benutzung einer älteren Lithographie von Ernst Helbig, 1839. Original im Fürst Otto Museum zu Wernigerode.

Anm.: Nr. 7 und 15 sind mit Erlaubnis des Goethe-National-Museums zu Weimar, in dem sich die Originale befinden, veröffentlicht.

Der große und kleine Blocksberg.

Dieser Berg, ligt von dem Fürstlichen haupe Hessen, dreÿ teutsche meile, und ist der höheste und größeste Berg in gantz NiederSachsen.

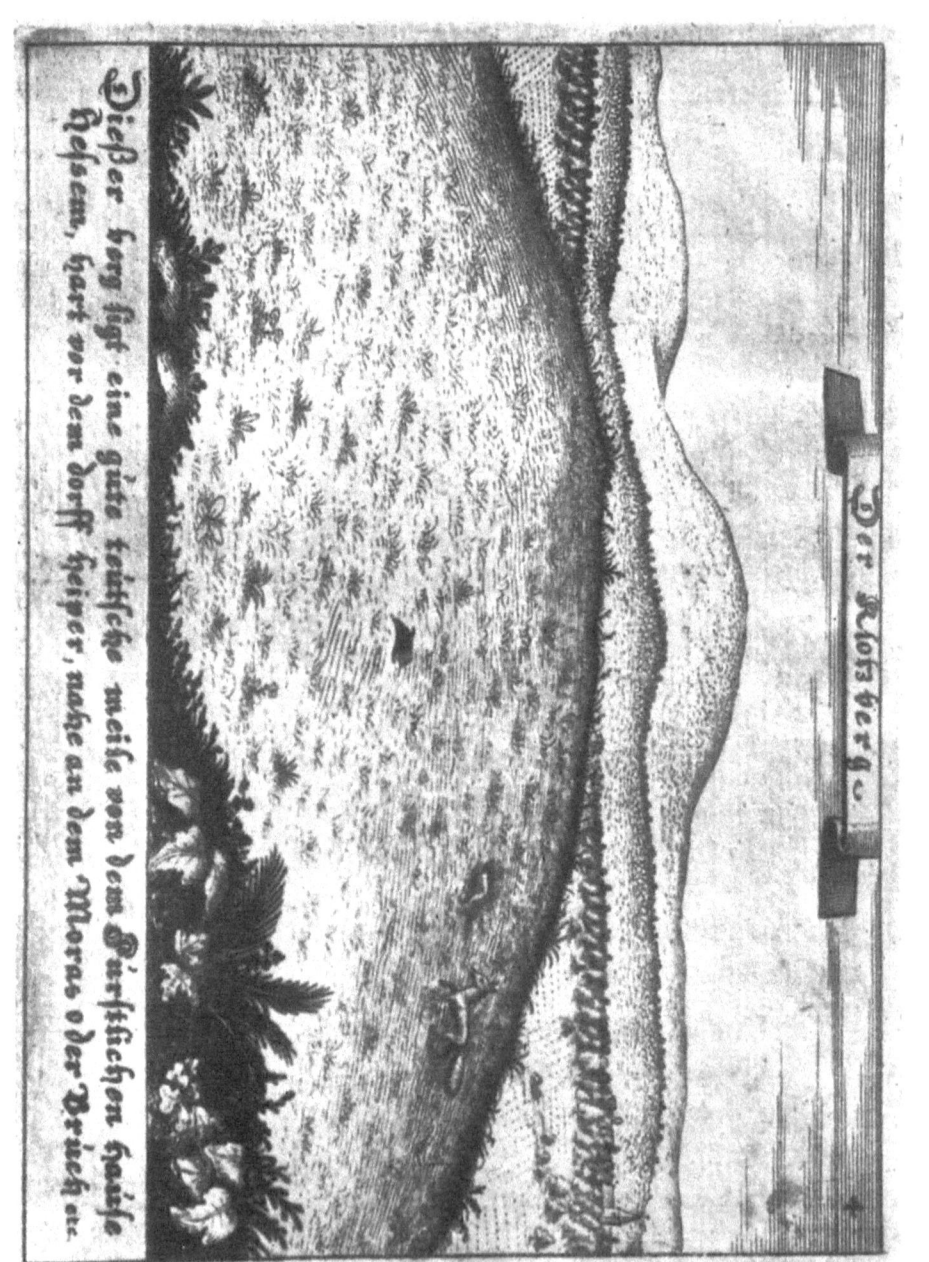

Der Kloßberg.

Dießer berg hat eine gute teutsche meile von dem Fürstischen hauße
hefsem, hart vor dem dorff heiper, nahe an dem Moras oder Brüch etc.

Bloks-Bergs
Berrichting.

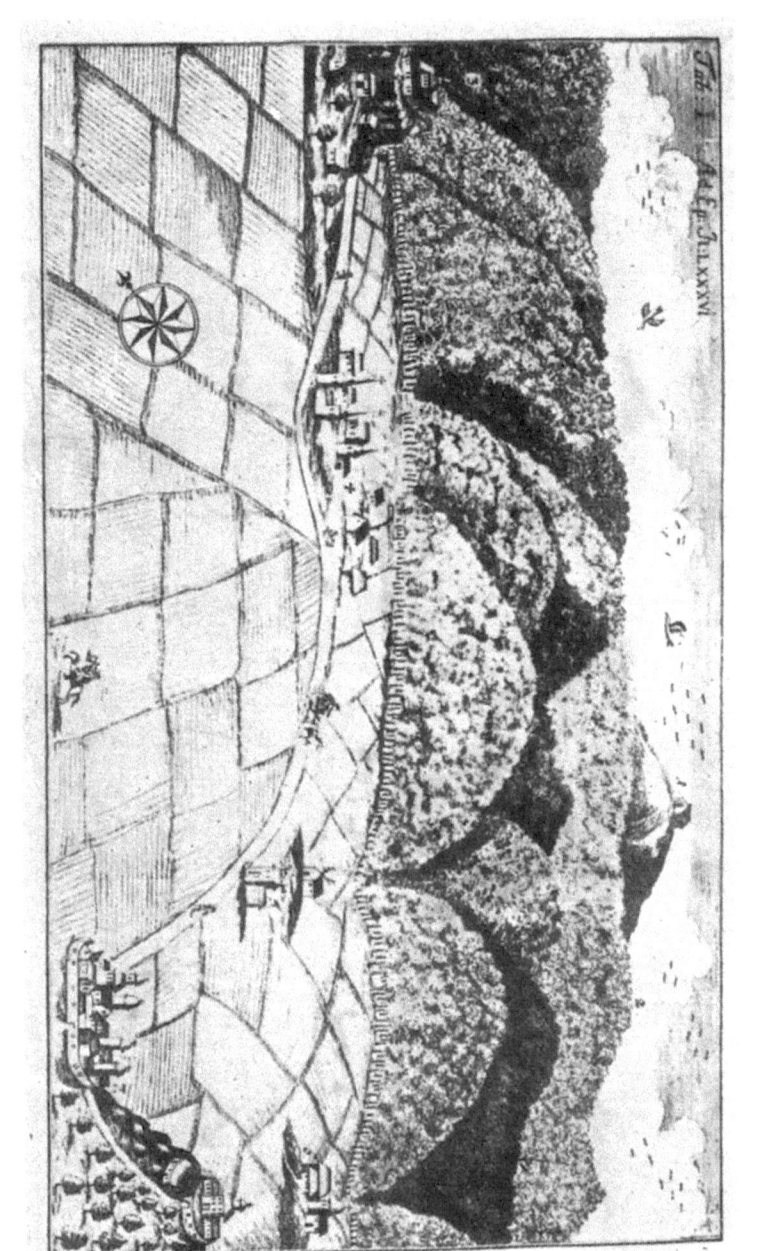

Tab. I. Art. Ep. JULXXXVI

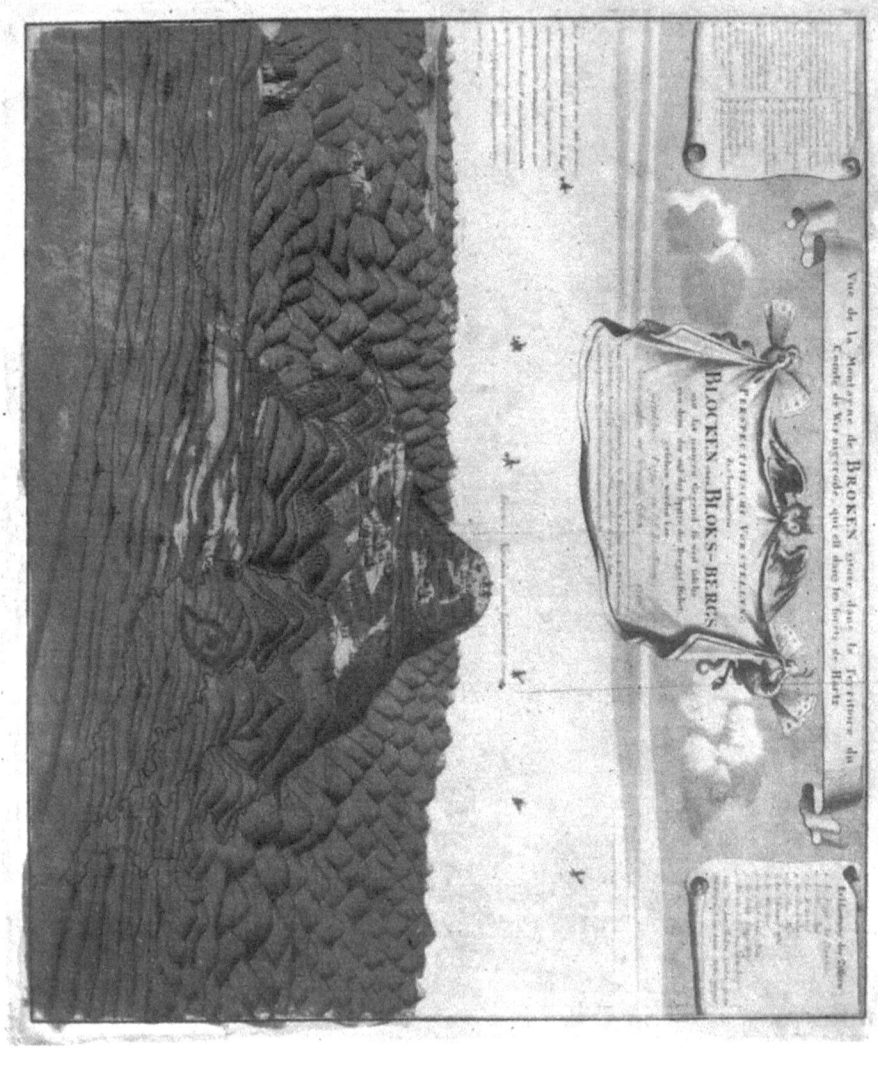

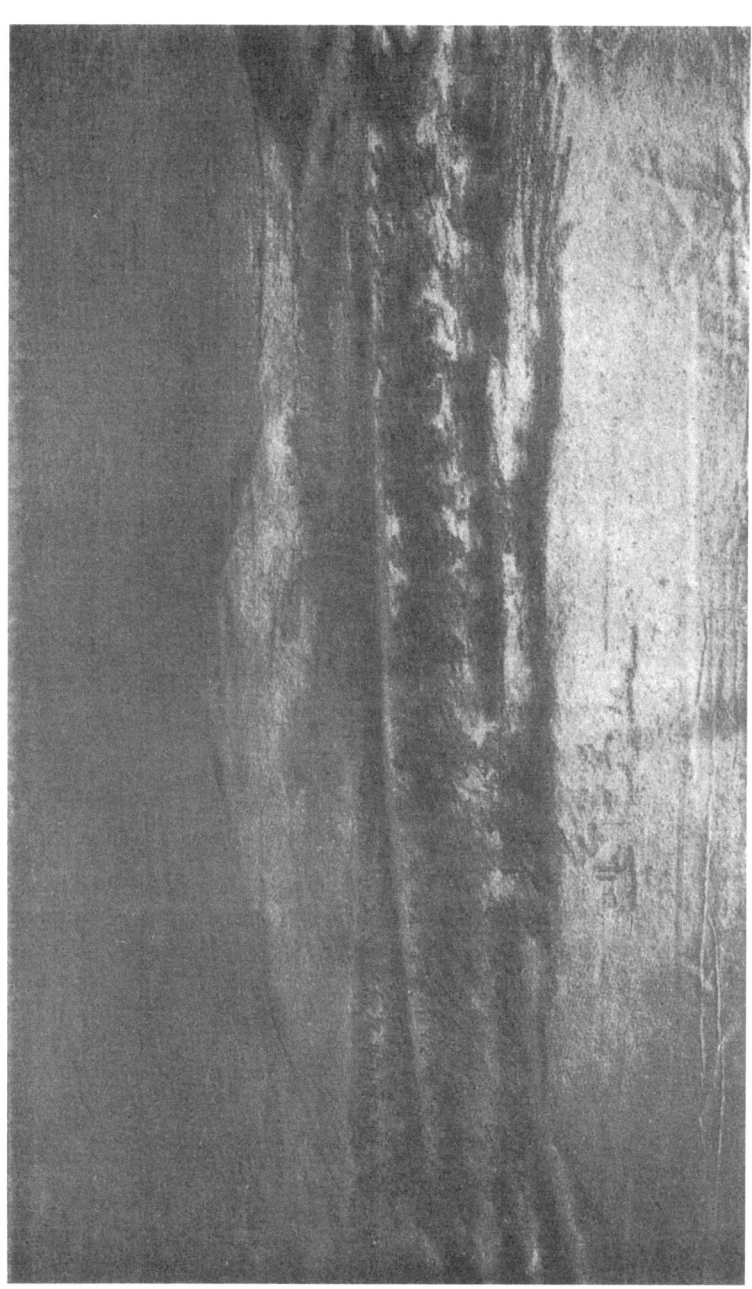

Ansicht vom Harz Brocan nach Kennraths Hoehe.

Ihrer Excellenz der Frau General Feldmarschallin von Kalkstein.

DER BROCKEN.

View of the Brocken mountain and the „Harts Horns.

Ansicht des Brockens u. den Hirschhörner
auf den Wege von Andreasberg.

Brockenreise auf Maulthieren

Die allenthalben gefundene gute Aufnahme der von mir seit einigen Jahren getroffenen Einrichtung, von hier auf Maulthieren nach dem Brocken zu reiten, hat mich veranlaßt, dieselbe in diesem Jahre zu erweitern, und indem ich daher hiermit allen geehrten Harzreisenden ergebenst anzeige, daß von jetzt an bis Ende October bei mir hier im Herrschaftlichen Gasthofe, zu den rothen Forellen, Maulthiere zum Reiten nach dem Brocken das Stück a, 1 Thlr. 5 Sgr. exclus. des Weggelds zu haben sind, empfehle ich noch dabei ganz eigene bequeme Damensättel, die ich zu diesem Behufe besonders angeschafft habe.

Ilsenburg,   L. Horn

DAS BROCKENHAUS im Winter.